I

会
交
际
的
女
人
，
运
气
都
不
会
差

会交际的女人，运气都不会差

冬岚 —— 编著

北京燕山出版社

图书在版编目（CIP）数据

会交际的女人，运气都不会差 / 冬岚编著 . —北京：
北京燕山出版社，2024.2（2024.12 重印）

ISBN 978-7-5402-7162-6

Ⅰ.①会… Ⅱ.①冬… Ⅲ.①女性 – 人际关系学 – 通
俗读物 Ⅳ.① C912.11-49

中国国家版本馆 CIP 数据核字（2024）第 017550 号

会交际的女人，运气都不会差

编　　著	冬　岚
责任编辑	吴蕴豪
封面设计	韩　立
出版发行	北京燕山出版社有限公司
社　　址	北京市西城区椿树街道琉璃厂西街 20 号
邮　　编	100052
电话传真	86-10-65240430（总编室）
印　　刷	河北松源印刷有限公司
开　　本	880mm×1230mm　1/32
字　　数	120 千字
印　　张	6
版　　次	2024 年 2 月第 1 版
印　　次	2024 年 12 月第 2 次印刷
定　　价	39.80 元
发 行 部	010-58815874
传　　真	010-58815857

如果发现印装质量问题，影响阅读，请与印刷厂联系调换。

拥有一定的交际能力，是女人成功的资本，也是家庭和睦、赢得友情、获得机遇的必备要素。懂得交际，是每个女人都要学会的人生课题。掌握交际本领，遇到生命中的贵人，改变自己的人生和命运。

　　在生活中，很多女人都精心打理着妆容和身材，却对人际关系不太在意。其实，人际关系更值得女人用一生经营。一个女人不管多么美丽动人，如果沉默寡言，不善言辞，也难以获得幸福。只有提高交际能力，才能赢得他人的青睐与尊重。聪明女人，一生如花，美丽可能随光阴的逝去而逐渐褪色，但会交际的聪明女人却拥有使青春常驻的魔力。无论你漂亮与否，高超的交际本领都会让你提升魅力，使你发出迷人的光彩，不由自主地吸引周围的人。作为一个女人，美丽使你引起别人的注意，睿智使你得到别人的赏识，而魅力却使你难以被人忘记。

　　对于女人来说，生来就有独特的资本，一抹微笑、一缕柔情、一句温暖人心的话语，都是女人社交场合中的秘密武器。聪明的女人懂得如何利用这些资本，最大限度地发掘自己的魅力，成为生活和事业上的幸福垂青者。

在职场中，善于交际的聪明女人，会彰显自己的女性魅力，懂得用柔美的声音、温暖的笑容与随和的脾气赢得同事的心。她们懂得如何做有修养的职场丽人，准确领会上司的意图，有效与下属沟通，与同事和睦相处，主动承担起工作中的责任。这样的女人一如清风，带来潜移默化的温馨，轻而易举地赢得同事及上司的好感与信赖，增加自己的晋升筹码。

在朋友圈中，善于交际的聪明女人，知道如何提高自己的交际水准，储蓄友情。她们不会像"小刺猬"一样，伶牙俐齿，说话带刺儿，爱跟人较劲，不"戳"人痛处不罢休。她们耐心专注地倾听朋友的内心世界，将与朋友联系、分享当成极大的欢乐。"多个朋友多条路"，有好人缘的女人不会缺少成功的机会。好人缘，让幸福女人的人生更加精彩！

在恋爱和婚姻中，善于交际的聪明女人，知道如何找到优秀的男人。她们能在关键时刻以出色的表达展现自己的魅力和个性，赢得优秀男人的欣赏眼光，从而俘获男人的心，尽情享受爱情的甜蜜和婚姻的幸福。

本书从女性的视角出发，结合女性的心理、性格特点等不同方面，将交友、职场、爱情、婚姻中的交际智慧娓娓道来，并通过大量生动实用的事例、透彻的分析，从多个角度介绍了各种社交技巧与方法，以期帮助读者迅速提高交际能力，掌控人际交往主动权，赢得幸福的人生。

目录 CONTENTS

第九章　离开任何人，你都可以精彩过一生

第十章　不苛求婚姻完美，但求活得自在

第一章

会说话的女人运气都不差

幽默的女人方可笑傲江湖

一对刚结婚不久的小夫妻，因为一件很小的事就大声争吵起来，俩人又都在气头上，所以，谁也不肯让谁。一怒之下，妻子拿出旅行箱开始收拾自己的东西，说要回娘家。丈夫没搭理她，而是自己坐在一边生闷气。

妻子收拾完衣物后，伸出手跟丈夫要路费，丈夫拿出20元钱递给她，一句话也没说，妻子拿着钱却没有走的意思，直愣愣地看着丈夫。

终于，妻子忍不住生气地说："我回来的路费你不给报啊！"丈夫看着她，平静自若地说："带着我这么大的一个钱包，还抵不了来回的路费？"

眼看着就要开始冷战的两个人，因为妻子一句幽默的调侃重归于好。善用幽默的女人不仅能够很好地处理家庭关系，与同事、朋友相处也能够游刃有余。

没有幽默感的女人，就像鲜花没有香味，缺了些魅力。所以，做有魅力的女人，就不能不做幽默的女人，有幽默感的女人才有花的香气。显然，这样的女人才是真女人，才是让人动心、怜爱、喜欢的女人，才会真正得到丈夫的宠爱、朋友的喜欢、同事的亲近……

女人如果善于创造幽默，不仅可以让自己如鱼得水，左右逢源，更能笑对人生、豁达处世。

幽默的女人是聪慧的，因为幽默必须具备一定的文化底蕴，没有"喝过墨水"的人是学不会幽默的。但"墨水"虽多，没有灵气也不行，所以，但凡幽默的女人总是兼具才气与灵气。

当才女林徽因放弃徐志摩，跟梁思成结婚之后，梁思成问林徽因："你为什么选择了我？"

林徽因笑笑，淡淡地说了一句话："看样子，我要用一生来回答你的这个问题。"

这一句话里，包含了多少人生的"不能承受之重"啊！让人们再三咀嚼之余，不由得深深感慨于林徽因的才智与幽默，更欣羡于梁思成后半生的幸福与快乐！

幽默的女人是自信的，因为幽默有时就是一种自嘲。一个姿色平庸的女子若是能将自己的外表当作玩笑，那么，可以肯定她已经并不以此为卑，而且，她的身上肯定还有更多让她引以为豪之处。

不懂幽默的女人，就像绿叶中缺少红花一样没有情致。女人如何让自己变得幽默，以下几点可供参考：

1.注意丰富自己的幽默资料。看多了，听多了，模仿多了，就会把幽默感转化为一种自然而然的本领。有道是："熟读唐诗三百首，不会作诗也会吟。"就是这个意思。

2.注意从别人的大量幽默语言实例中启发思路。运用幽默语言，要会借题发挥、旁征博引，要反应敏捷、思路明快，这些从幽默语言实例中都能体验出来。

3.多找机会应用。实践出真知，书上的幽默语言、幽默故事也能内化为自己独特的品位和修养，只有在实践中练习和运用，才能积累出信手拈来的素材。而且，在实践中练习和运用幽默语言，也能加深对幽默的理解，才能有效提高使用幽默语言的水平。

4.幽默不是目标而是手段。不能为幽默而幽默，一定要具体语境具体分析，选用恰当的幽默话语。否则，故作幽默，反而会弄巧成拙。

话多不如话少，话少不如话好

赞扬一个人会说话我们会说他"一语中的""一鸣惊人"，而不是"滔滔不绝"。说话简练而到位的人才是真正的能说会道者。

在现实生活中，很多女性都是人群中的活跃者，她们喜欢以自我为中心，在喋喋不休之中让自己占尽"风头"，而忽视了别人也有表达自己的欲望，别人也渴望交流，最终，在有意无意间，令人感到压抑和被忽视。她们伤害了别人，自己当然也不会得到好人缘。还有一些女人，总是将自己的生活泡在"苦水"里。生活中，无论大事还是小事，都能给她们带来很多痛苦，她们将这些痛苦不断地向别人倾诉，向别人抱怨。

王燕是一家保险公司的业务员。开始时，王燕向别人推销时总是赖在别人面前不走，直到把对方累垮，业绩却毫无起色。久而久之，她对自己的推销能力也产生了怀疑。后来在同事的帮助和指点下，她决定："并不一定要向每一个我拜访的人推销保险。如果超过预订的时间，我就转移目标。为了不使对方反感，我会很快离开，即使我知道如果再磨下去他很可能会买我的保险。"

谁知这样做竟然产生了奇妙的效果："我每天推销保险的数目开始大增。还有，有些人本来以为我会磨下去，但当我愉快地离开他们之后，他们反而会对我说：'你不能这样对待我。每一个推销员都会赖着不走，而你居然不再跟我说话就走了。你回来给我填一份保险单。'"

俗话说："话多不如话少，话少不如话好。"话多的人不一定有智慧。不要一上来就开始你的"牢骚"，唠叨往往会破坏你的好人缘，也会给别人带来很不好的影响。如果有什么不满的地方，先创造一个尽可能和谐的气氛。

做错事的一方，一般都会本能地有种害怕被批评的情绪，如果很快地进入正题，被批评者很可能会产生抵触情绪。即使他表面上接受，却未必表明你已经达到了目的。所以，先让他放松下来，然后再开始你的"慷慨陈词"。

徐丽在半年前被公司辞退，理由是老板不喜欢她。她说自己工作业绩好、能力强，所以同事总排挤她，在老板面前说她的坏话，老板就总找她别扭。

不久后，她被朋友介绍到另一家公司。可是上班不久，她就又开始数落她的新老板了，说老板能力差、水平低，根本无法理解她想要做的事情对公司有多么重要。于是，在试用期满之前，她又被辞退了，害得她的朋友再见这个老板的时候，十分不好意思。现在徐丽仍然四处飘荡，找不到一份满意的工作。

沟通不是一件容易的事情。人是复杂多样的，各有各的癖好，各有各的脾性，跟自己气味相投的人在一起就舒服惬意，话很多；一遇见气味不投的人，就感觉别扭，不想开口。所谓"酒逢知己千杯少，话不投机半句多"，就是这种情形的写照。但是，真正投机的人又有多少呢？所以，一般人就有"知己难得"的感叹。

善于跟别人交谈的人是很善于适应别人的。只有把话说到对方的心坎上，才能给交际架起绚丽的彩桥。

能言善道，让口才为魅力加分

无论是在工作、生活，还是在商界、政界中，一个拥有出色的说话办事能力的女人都是有非凡魅力的，这种魅力足以让她吸引更多人的注意，从平庸中脱颖而出。因此，一个能言善道的女人，内心会散发出更多的优雅与自信，不但在社交场合中到处受人欢迎，获得别人的好感与赞赏，而且在个人事业上也会获得意想不到的成就。所以，女人一定要锻炼好自己的语言能力，让口才为自己的魅力加分。

1. 交谈要有好话题

当你在路上遇见一个朋友或熟人的时候，一时找不到开场白，找不到好的话题来交谈，那实在是一个相当尴尬的局面。为了你的快乐与幸福，谈话的艺术，是不可不被注意的。首先要选择一个比较适合双方谈话的话题。

话题即谈话的中心。话题的选择反映着谈话者品位的高低。选择一个好的话题，使双方找到共同语言，预示着谈话成功了一半。

2. 交谈时要有好态度

常听见别人这样说："不管他多么有学问，不管他的话多么有道理，可是他的态度不好，我实在不愿跟他多谈。"这是一种普遍的情形。一个人要是没有良好的态度，别人就会讨厌他、避开他、不愿和他谈话，这样的人只会越来越孤立，慢慢失去自己的朋友圈。

那么，什么才是良好的态度呢？

（1）对别人表示友好。如果你对人表现出不屑的神情，对他们所谈的话表示冷淡或鄙视，那么，对方与你交谈的兴致也就消失了。无论别人说的话你喜不喜欢听，同意不同意，对于他个人还是应该表示友好的，一定不要把消极的情绪写在脸上。

（2）对别人的谈话表现得有兴趣。在别人讲话的时候，要很专注地望着他，如果你东瞧西看，或是玩弄着别的小物件，或是翻弄报纸、书籍等，别人就会以为你对他的话不感兴趣。这时，交谈就不能继续，而关系也就受影响了。

（3）谦虚有礼。谦虚有礼不是一种虚伪的客套，更不是说一些不着边际的客气话。谦虚有礼，一方面真诚地尊重对方，关心对方的需要，尽力避免伤害对方；一方面严格要求自己，能对自己的意见与看法带着一种"可能有错"的保留态度，虚心听取别人的意见。

（4）轻松、快乐、富有幽默感。真诚温暖的微笑、快乐生动的目光，舒畅悦耳的声调，就像明媚的阳光一样，可以使谈话进行得生动活泼，使大家谈笑风生、心旷神怡。

富于幽默感的人，常常能使人群充满欢声笑语，有时，一个笑话或是一两句妙语，就能驱散愁云，消除敌意，化干戈为玉帛。

3. 交谈要恰到好处

交谈要恰到好处，就是说既要不卑不亢，又要热情、谦虚，富有幽默感，这样的谈吐才能给别人留下深刻的印象。

谈话时不盛气凌人，不自以为是。即使你是一个很有学识的人，也不要轻视别人，而要用心倾听别人的意见。更何况"智者千虑必有一失，愚者千虑必有一得"，别人的意见不见得完全不可取，而自己的意见也不见得全都可取。如果你总是以高人一等的口吻说话，好像要处处教训别人，这样只会引起别人的反感。

反过来，交谈时有自卑感也是不可取的。一个对自己没有信心的人，是难以得到别人的重视和信任的。比如在谈话时，你处处都表现得畏畏缩缩，或者显出一副未经世事、幼稚无知的样子，这也是很糟糕的。

女人在交谈时态度诚恳、亲切，是很受别人重视的。如果你碰到一个油腔滑调、说话不着边际的人，你一定会觉得非常不舒服，甚至会反感。因此，在社交的谈话中须特别注意。好的口才不仅能够营造一个好的沟通氛围，也能更巧妙地展现出自己的魅力。

建议永远比命令更有"威力"

有一次，卡耐基先生的培训课上来了一位名叫丽莎的女士。她告诉他，她是一家广告公司设计部的主管，可是她现在的工作很不顺利，也很不快乐。当他问起是什么原因时，丽莎女士苦恼地说："上帝，我真的不知道是怎么回事。我不明白，为什么办公室里的每个人都好像在针对我。你知道，我是一名主管，可是我的话对于那些职员来说根本起不到任何作用，事实上他们根本就不听我的。"

听到这儿的时候，卡耐基已经知道这是一位将人际关系处理得很糟的设计部主管了。他想要找到她失败的原因，于是，他问她："丽莎女士，你平时是怎么和你的下属在一起工作的？"

当时丽莎女士的表情很不以为然，她说："还不是和其他的人一样，我是主管，必须要对整个部门负责，也必须要对我的上司负责。我必须要他们做这个做那个，因为这是我的职责。可是似乎没有人能听我的。"他追问道："你是说，你在工作的时候是用'要'这个词，是吗？"丽莎女士很诧异地回答说："当然，卡耐基先生，要不你认为我应该用什么词？"卡耐基对她说："丽莎女士，以后你再要别人做什么工作的时候，我建议你用另一种方式。你完全可以用一种提问或是征求的口气，而并不一定要用命令的口气，就像我现在建议你一样。你觉得呢？"

两个月后，当卡耐基再一次见到丽莎女士的时候，她已经完全变了一个人，变成了一个非常快乐的人。"卡耐基先生，我真的不知道该怎样感谢您！"丽莎女士兴奋地说："您知道吗？您的那个办法简直太神奇了，现在部门的同事都和我成了要好的朋友，工作也开展得十分顺利。"

女士们似乎更热衷于教别人做什么，而不是让别人做什么。也就是说，比起建议来，女士们更喜欢用命令的语气。

实际上，大多数女士都喜欢采用这种做法，因为这可以让她们的自尊心和虚荣心得到满足。然而，女士们的自尊心和虚荣心是得到满足了，可那些被命令的人却受到了伤害，失去了自重感。这种做法真的会使你的人际关系变得一团糟。

有这样一个故事：

一天，一个学生把自己的车子停错了位置，因此挡住了其他人的通道，至少是挡住了一位教师的通道。那名学生刚进教室不久，女教师就怒气冲冲地冲了进来，非常不客气地说："是哪个家伙把车子停错了位置，难道他不知道这样做会挡住别人的通道吗？"

那名学生其实当时已经意识到了自己的错误，于是他勇敢地承认了那辆车是他停的。"凶手"既然出现了，女教师自然不会放过他，大声地说道："我现在要你马上把你那辆车子开走，否则的话，我一定让人找一根铁链把它拖走。"

的确，那个犯错的学生完全按照教师的意思做了。但是从那儿以后，不只是这名学生，就连全班的学生都似乎开始和这个老师作对。他们故意迟到，还经常捣蛋。老实说，那段日子，那位脾气很大的女教师确实真够受的。

那名教师为什么要用如此生硬的话语呢？难道她就不能友好地问："是谁的车子停错了位置？"然后再用建议的语气让那名学生把车子开走吗？如果这位女士真的这么做了，相信那名犯了错的学生会心甘情愿地把车子开走，而她也不会成为学生们心目中的公敌。

实际上，你不去命令他人做什么，而是去建议他人做什么，这种做法是非常容易使一个人改正错误的。你这样做，无疑保持了那个人的尊严，也使他有一种自重感。他将会与你保持长期合作，而并不是敌对。

不管你是一名普通的女性，还是某个部门的主管，掌握这一技巧，都无疑会让你受用无穷。

伊丽莎白女士是英国一家纺织厂的总经理，应该说她是一个精明能干的女性。有一次，有人提出要从他们的工厂订购一批数目很大的货物，但要求伊丽莎白女士必须能够保证按期交货。坦白说，这个人的要求有些过分，因为那批货确实数目不小，况且工厂的进度早就已经安排好了。如果按照他指定的时间交货，当然不是不可能，但那需要工人加班加点地干。

伊丽莎白女士非常愿意接受这项业务，但她也考虑到这可能会使工人有怨言，甚至给自己招来一些不必要的麻烦。她知道，如果自己生硬地催促工人们干活，那么肯定会使自己陷入尴尬的境地。

这时，伊丽莎白女士想到了一条妙计。她把所有的工人都召集到了一起，然后把这件事的前前后后都说得非常清楚。伊丽莎白说：
"这项业务我非常愿意承担，因为这对我们工厂的发展是有好处的，
而你们所有人也都能获得利益。不过，我现在很犯难的是，我们有
什么办法可以达到这个客户的要求，做到按期交货呢？"

接着，伊丽莎白女士又说："我真的不知道该怎么办，你
们有谁能想出一些办法，让我们能够按照他的要求赶出这批货来。
我想你们比我更有发言权，你们也许能够想出什么办法来调整一
下我们的工作时间或是个人的工作任务。这样，我们就可以加快
工厂的生产进度了。"

员工们在听完伊丽莎白的建议后，并没有像她事前想象的
那样发牢骚或是抗议，反而是纷纷提出意见，并且表示一定要接
下这份订单。工人的热情很高，都表示他们一定可以完成任务。
让伊丽莎白更加吃惊的是，有人居然还提出愿意加班加点地干，
目的就是要完成这项订单。

事后，伊丽莎白和她的朋友说："那一次，工人们的举动
真的令我太感动了，我真的不知道该怎么感谢他们。"她的朋友
回答说："伊丽莎白，这是你应得的，因为你先尊重了他们，使
他们有了自尊，所以他们的积极性才会发挥出来。"

建议其实是一种维护他人自尊的好办法，更加容易使人改正自
己的错误。它给你带来的会是对方诚恳的合作，而不是坚决的反对。

你在运用这项技巧的时候，有一些事情是要注意的：

（1）一定要发自真心地、真诚地去尊重对方；

（2）态度必须要诚恳；

（3）用提问的方式让他们去做你想要他们做的事；

（4）在和他们说话时，你可以采用商量的语气。

如果女士们从现在起真的做到这一点的话，那么你们一定可以成为最受欢迎的人。

社交成功，一半的功劳在于说话技巧

女性要想在交际中占据优势，口才是一大武器。在现代社会中，语言艺术对社会交际的重要性已越来越明显。美国人类行为科学研究者汤姆士指出："说话的能力是成名的捷径。它能使人显赫，令人鹤立鸡群。能言善辩的人，往往受人尊敬，受人爱戴，得人拥护。它使一个人的才学充分拓展，熠熠生辉，事半功倍，业绩卓著。"他甚至断言："发生在成功人物身上的奇迹，一半是由口才创造的。"

美国资产阶级革命时期的著名政治家、外交家富兰克林也说过："说话和事业的进步有很大的关系。"无数事实证明，说话水平是事业成功的重要因素之一，口语表达的好坏直接关系到事业的成败。

说起来，女性天生就有"能说会道"的本事，若成为一个健谈者，运用你在交流沟通方面非同一般的技能，就能够引起别人的兴趣，吸引他们的注意力，并自然地使他们聚集到你的周围。

这是一种非常重要的交往技能，其重要性无可比拟。它打开了人与人之间沟通的大门，使彼此的心灵变得亲近。它可以使你在各种各样的人群中广受欢迎，使你能与别人融洽相处，在社会交往中如鱼得水。

不管你在其他艺术或技能方面的专业造诣有多高，是否达到炉火纯青的地步，但你肯定不可能像运用说话技术一样随时随地表现专业才能。比如你是一个才华横溢的钢琴家，不管你的音乐天赋如何了得，不管你花费了多少年的时间来提高自己的演奏技巧，也不管你耗费了多少金钱，也只有相对很少的一部分人可能听到或欣赏到你的音乐。然而，如果你是一个健谈者，那么任何一个与你交谈过的人都将强烈地领略到你的幽默和聪明，并感受到你的魅力和影响力。

在社交场合中，能说会道的女性总是广受欢迎的。比如，几乎所有人都希望邀请卡耐基的好朋友比尔夫人参加宴会或招待会，主要是因为她善于言谈。不论在哪种宴会或招待会上，她总能够给别人带来愉悦，使人们如沐春风。或许比尔夫人也和其他人一样有许多缺陷和不足，但是人们仍然乐于与她交往，因为她的健谈，她善于运用谈话技巧，而且几乎达到了炉火纯青的地步。

与其他方式相比，谈话仿佛最能迅速地反映出一个人在文化修养上的水准，是高雅还是粗俗，是温文尔雅还是毫无教养。从一个人的谈话中，我们还可以窥知其生活的全貌，你说话的内容和方式将揭示你的信仰，并向世人展现你最真实的一面。

在现实生活中，有相当多的好人缘女性在很大程度上把自己受人欢迎的原因归功于出色的说话能力。比起口才一般的女性，能言善辩的女性更容易被人理解、受人欢迎。因此，我们说，女人拥有一张能说会道的嘴巴，就等于拥有了一笔取之不尽的财富。良好的口才能使你在社会交往中如鱼得水，对你的幸福生活起到推波助澜的作用。

真诚的谎言比真诚更有力量

生活里没有绝对的真实，如果女性什么事情都实话实说，只会给自己制造出一大堆麻烦。有时候，出于善意，我们需要说一些真诚的谎言来解决问题，化解危机。要知道，有时候，真诚的谎言比真诚更有力量。

文倩最近和她的丈夫关系相当紧张，前几天甚至传出要"离婚"的消息，本来挺亲密的小两口，怎么突然之间要离婚呢？原来只是因为文倩在不经意间说出了一句"大实话"。

那天下班很早，夫妻二人吃过晚饭就靠在沙发上欣赏正在热播的青春偶像剧，影片里男女主角正爱得如火如荼，女主角深情地问对方："你到底爱不爱我？"男主角随即说道："我当然爱你，因为你是我身体的一部分。"

文倩听了这句话后，自言自语道："好！这是个具有智慧而又带点禅意的回答，简直堪称经典。"文倩的丈夫是上海人，本来就非常敏感，听她这么说，上下打量了她一眼之后，就不高兴地问文倩："你是不是也把我当成你身体的一部分呢？"文倩对丈夫质问式的语气有点反感，只好敷衍回答说："你当然是我身体的一部分了。"

　　文倩以为这样回答就可以交差了，谁料她的丈夫听完之后却不罢休，而是继续问她："那么，我到底是你身体的哪一个部分？"丈夫本来是想听文倩说几句甜言蜜语的话，可是，文倩却无奈地笑了笑，想逃避这个问题，丈夫再三地追问，情急之下，文倩只好将真实的答案脱口而出，她诚恳地对丈夫说："你是我的盲肠！"可想而知，听到这个答案之后，本来就有些不悦的丈夫有什么样的反应。

　　事例中，文倩对丈夫说了一句本不应该说的大实话，结果使得夫妻关系紧张起来。如果文倩趁机说一些甜言蜜语，哪怕是一些谎话，可能会是另一种结果。生活中必要的时候，女人必须学会说善意的谎言。

其实，当你面对别人，尤其是你的丈夫对你打破砂锅问到底的时候，千万别在情急之下，就将心中的想法脱口而出，因为这个想法可能会让你吃尽苦头。

生活里没有绝对的真实，如果女性什么事情都实话实说，只会给自己制造出一大堆麻烦，甚至会与整个社会格格不入。善意的"谎言"就像是生活的调味剂，女人在适当的时候说出来的"谎言"，饱含真诚，散发出温暖的光辉，能让说谎者与被"骗"者共享欢快。而过于真实只会让你身边的人"吃不消"，对你敬而远之了。

难以解释清楚的时候，女人要学会巧妙应付。在生活中，有些时候说假话是必要的。其实，我们在这里并不是在鼓励女性朋友们说假话，只是在有些特定的场合，假话有助于你摆脱窘境，减少麻烦。

陈女士有一天深夜醉醺醺地回到家中，当她丈夫帮她脱下外套时，突然发现上衣口袋里有一张照片，照片上是一个年轻英俊的小伙子，下面还有一行字："从第一次相会开始，你总是令我难忘。"丈夫本来就爱吃醋，看到照片便勃然大怒："照片是怎么回事，照片上的人又是谁？今晚你到哪儿鬼混去了？是不是在外边养了个小白脸？"

陈女士当时心里一惊，但表面上依然很随便地说："嗨，今晚公司聚会，有一个男同事让我把公司的一位女同事介绍给他，但他不好意思把照片给那位女同事，只好让我转交给她了。看你大惊小怪的，醋坛子又打翻了吧，小气鬼。"

丈夫听她这么一说，才转怒为笑。一场风波就这样圆满平息了。因为丈夫知道妻子是个热心人，经常在公司里为单身的同事介绍对象。

其实，照片是几位闺中密友送喝醉了的陈女士回家时，偷偷塞进她的口袋里的，是想搞一个恶作剧。本来这种恶作剧对醋意十足的丈夫十分奏效，但是在陈女士的巧言谎语下巧妙周旋过去了。

不善于说谎的女人，一说谎总是害怕被别人识破，所以撒谎时心里特别紧张，语言也变得结结巴巴起来。别人一看你这副样子，哪怕你说的是真话，也不敢相信了。

通常，我们对一个讲话吞吞吐吐的人会心生怀疑，认为他欲言又止是编织借口与谎言，从而对他严加防范。而对于说话干净利落的人则抱有好感，好像他的不假思索是一种不藏心机、诚实坦率的作风，常常对他讲出的话深信不疑，认为那种脱口而出的话不像在撒谎。

在现实生活中，当不得不靠撒谎从一些难堪处境中解脱出来的时候，这种谎言是必须毫不犹豫地脱口而出的，否则就无法让自己顺利脱离困境。要想避开那些不必要的纷扰，就用一些善意的谎言吧，毕竟，真诚的谎言比真诚更有力量。

吸引对方，多说"我们"少说"我"

曾经有一位心理学家，做了一项实验，就是选编了三个小团体，并且分派三人饰演专制型、放任型、民主型的三位领导人，然后对这三个团体进行意识调查。

结果，民主型领导人所带领的这个团体，表现了最强烈的同伴意识。有趣的是，这个团体中的成员大都使用"我们"一词来说话。

经常听演讲的人，大概都有过这样的经验，就是演讲者说"我这么想"不如说"我们是否应该这样"更能让你觉得和对方的距离更接近。因为"我们"这个字眼，也就是要表现"你也参与其中"的意思，所以会令对方心中产生一种参与意识。按照心理学的说法，这种情形是"卷入效果"。

小孩子在玩耍时，经常会说"这是我的东西"或"我要这样做"，这种说法是因为小孩子的自我显示欲直接表现所造成的。但有时在成人世界中，如果总是强调"我"这个个体，就无法给对方留下好印象，在人际关系方面也会受阻。

人心是很微妙的，同样是与人交谈，但有的说话方式会令对方反感，而有的说话方式却会令对方不由自主地产生妥协之心。

我们在听别人说话时，对方说"我""我认为……"带给我们的感受，将远不如他采用"我们……"的说法，因为采用"我们"这种说法，可以让人产生团结意识。

所以，在开口说话时，女人要多说"我们"，用"我们"来作主语，因为善用"我们"来制造彼此间的共同意识，对人际关系的促进将会有很大的帮助。

亨利·福特二世描述令人厌烦的行为时就说："一个满嘴'我'的人，一个独占'我'字、随时随地说'我'的人，是一个不受欢迎的人。"

在人际交往中，"我"字讲得太多并过分强调，会给人留下突出自我、标榜自我的印象，这会在对方与你之间筑起一道防线，形成障碍，影响别人对你的认同。

因此，会说话的女人，在语言传播中，总会避开"我"字，而用"我们"开头。下面的几点建议可供借鉴。

1.尽量用"我们"代替"我"

很多情况下，你可以用"我们"一词代替"我"，这可以缩短你和大家的心理距离，促进彼此之间的感情交流。

例如："我建议，今天下午……"可以改成："今天下午，我们……好吗？"

2.这样说话时应用"我们"开头

在员工大会上，你想说："我最近做过一项调查，我发现40%的员工对公司有不满的情绪，我认为这些不满情绪……"如果你将上面这段话的三个"我"字转化成"我们"，效果就会大不一样。说"我"有时只能代表你一个人，而说"我们"代表的是公司，代表的是大家，员工们自然容易接受。

3.非得用"我"字时，以平缓的语调淡化

不可避免地要讲到"我"时，你要做到语气平淡，既不把"我"读成重音，也不把语音拖长。同时，目光不要逼人，神态不要得意扬扬，你要把表述的重点放在事件的客观叙述上，不要突出做事的"我"，以免使听的人觉得你是在吹嘘自己。

第二章

见过生活凌厉，
依然内心向暖

学会等待，该出手时再出手

天外有天，人外有人。女人在现实生活中，总难免会遇到一些强劲有力的对手，在明知实力无法与之抗衡的情况下，以卵击石无疑是愚蠢的，但坐以待毙又未免过于懦弱。真正成功的人，既不会盲目出击，也不会束手就擒，他们会选择另一种智慧之法——等：等对手懈怠，等对手困乏，等对手急躁……总之，就是要等到对手出现漏洞的时机，才以迅雷不及掩耳之势出击。要么不出手，一旦出手就要一击击中。在敌人放松警惕时给其狠狠的一击，可达到事半功倍的效果。

宋朝时，岳飞奉命到岭南去招安盗贼，但是岳飞费尽唇舌，贼头曹成就是不理不睬。岳飞想，劝降不成，只能采取军事手段了。

岳飞暂时和曹成休战，不久之后，将士抓到了一名曹成派来的间谍。岳飞马上吩咐部下将间谍绑在主帅军帐的附近，好让间谍听得到岳飞与将领之间的谈话。

在这场只演给间谍一个人看的戏中，岳飞故意与押粮官商量好在言谈之间说一些"军粮已尽，该如何是好"之类的话，显出一副苦闷惆怅的样子，仿佛已无心打仗。岳飞还假装与其他将领谈到因为战事不顺，部队准备暂时撤退的计划。

戏演完之后，岳飞又故意让间谍有机会逃跑。

几天之后，部队按兵不动，将士们正在纳闷，这个时候，岳飞估计间谍应该已经带着假情报回到了贼营，于是就选择一天夜晚，下令全军整装，摸黑急行军。天还没亮，大军已经偷偷绕过山头，兵临贼营。盗贼们因为假情报而毫无戒备，当发现岳家军来袭之后，他们顿时大惊失色，措手不及，四处逃窜，溃不成军。

明朝时的戚继光破倭寇也采取过类似的方法。当他率领"戚家军"到达倭寇的老巢时，倭寇严阵以待，准备随时迎击戚继光的进攻。戚继光却宣称，倭寇人多势众，难以速战速决，所以命令士兵搭帐篷、挖锅灶，准备打持久战。

倭寇听到这个消息，就暂时放了心，认为戚继光不会很快地发动进攻，于是放松了警惕，放开肚皮大吃大喝起来。就在他们酒足饭饱、睡得昏天黑地的时候，戚继光突然发动进攻，出其不意地攻克倭寇的大营。

原来，戚继光之前的行动完全是在放烟幕弹，是想麻痹倭寇，让他们放松警惕，倭寇果然上当。就这样，戚继光趁着倭寇没一点心理准备的时候，从天而降，倭寇手足无措，被戚家军杀了个精光。为患十几年的倭寇终于被彻底解决，这一战也就成了戚继光平倭的经典战役之一。

俗话说，老虎也有打盹的时候。如果在人生中遇到强劲对手，强攻不下的时候，不妨借助对手松懈的瞬间出击，定能克敌制胜。

当然了，对手松懈时要抓紧时间进攻；对手不松懈时，要创造条件，制造假象，"无所不用其极"地诱其松懈，然后再进攻。

很多时候，勇往直前、无所畏惧并不能保证战无不胜、攻无不克。适当的时候，需要克制而不盲动，不争一时之勇，以守为攻，以逸待劳。但同时要注意的是，进攻之前一定要明辨那"松弛"是不是伪装的，不然可能会"偷鸡不成蚀把米"，到时中了别人的圈套，后悔就来不及了。

不按规则办事也是一种规则

女人总是很容易受规则的束缚，形成一种思维定式。如果想要有所创新与突破，就必须首先打破这些既定的规则。艺术大师毕加索曾说过："创造之前必须先破坏。"创新作为一种最灵动的精神活动，最忌讳的就是呆板和教条。任何形式的清规戒律，都会束缚其手脚，使其无法大展所长。只有敢于打破常规标新立异的人，才能真正有所作为，才能敞开胸怀拥抱成功。

随着时代的发展，尤其是网络的普及，传统和经验的意义已经远远没有过去那么重要了，而是突出了创新的意义。

对于年轻的女人来说，更是如此。年轻人要想成功，就必须敢于标新立异，推陈出新。在这里，美国商界奇才尤伯罗斯为我们做出了一个很好的榜样。

1984年以前的奥运会主办国，几乎是"指定"的。对举办国而言，往往是喜忧参半。能举办奥运会，自然是国家的荣誉，还可以乘机宣传本国形象，但是以新场馆建设为主的大规模硬件软件投入，又将使政府负担巨大的财政赤字。1976年，加拿大主办蒙特利尔奥运会，亏损10亿美元，当时预计这一巨额债务到

2003年才能还清；1980年，莫斯科奥运会总支出达90亿美元，具体债务更是一个天文数字。奥运会几乎变成了为"国家民族利益"而举办，为"政治需要"而举办。赔本已成奥运会定律。

鉴于其他国家举办奥运会的亏损情况，洛杉矶市政府在得到主办权后即做出一项史无前例的决议：第23届奥运会不动用任何公用基金，因此而开创了民办奥运会的先河。

尤伯罗斯接手奥运会之后，发现组委会竟连一家皮包公司都不如，没有秘书、没有电话、没有办公室，甚至连一个账号都没有。一切都得从零开始，尤伯罗斯决定破釜沉舟。他以1060万美元的价格将自己的旅游公司股份卖掉，开始招募雇佣人员，把奥运会商业化，进行市场运作。

第一步，开源节流。

尤伯罗斯认为，自1932年洛杉矶奥运会以来，规模大、虚浮、奢华和浪费成为时尚。他决定想尽一切办法节省不必要的开支。首先，他本人以身作则不领薪水，在这种精神感召下，有数万名工作人员甘当义工；其次，沿用洛杉矶现成的体育场；最后，把当地的3所大学宿舍用作奥运村。仅后两项措施就节约了数以10亿计的美元。

第二步，举行声势浩大的"圣火传递"活动。

奥运会圣火在希腊点燃后，在美国举行横贯美国本土的1.5万公里圣火接力跑。用捐款的办法，谁出钱谁就可以举着火炬跑上一程。全程圣火传递权以每公里3000美元出售，1.5万公里共售得4500万美元。尤伯罗斯实际上是在卖百年奥运会的历史、荣誉等巨大的无形资产。

第三步，别具一格的融资、赢利模式。

尤伯罗斯创造了别具一格的融资和盈利模式，让奥运会为主办方带来了滚滚财源。尤伯罗斯出人意料地提出，赞助金额不得低于500万美元，而且不许在场地内包括其空中做商业广告。这些苛刻的条件反而刺激了赞助商的热情。一家公司急于加入赞助，甚至还没弄清所赞助的室内赛车比赛程序如何，就匆匆签字。尤伯罗斯最终从150家赞助商中选定30家。此举共筹到1.17亿美元。

最大的收益来自独家电视转播权转让。尤伯罗斯采取美国三大电视网竞投的方式，结果，美国广播公司以2.25亿美元夺得电视转播权。尤伯罗斯又首次打破奥运会广播电台免费转播比赛的惯例，以7000万美元把广播转播权卖给美国、欧洲各国及澳大利亚的广播公司。

门票收入，通过强大的广告宣传和新闻炒作，也取得了历史最高水平。

第四步，出售与本届奥运会相关的吉祥物和纪念品。

尤伯罗斯联合一些商家，发行了一些以本届奥运会吉祥物山姆鹰为主要标志的纪念品。通过这四步卓有成效的市场运作，在短短的十几天内，第23届奥运会总支出5.1亿美元，盈利2.5亿美元，是原计划的10倍。尤伯罗斯本人也得到47.5万美元的红利。在闭幕式上，时任国际奥委会主席的萨马兰奇向尤伯罗斯颁发了一枚特别的金牌，报界称此为"本届奥运会最大的一枚金牌"。

突破是创新的核心。创新不是对过去的简单重复和再现，它没有现成的经验可借鉴，也没有现成方法可套用，它是在没有任何经验的情况下的努力探索。

在通常情况下，人们按照自己的常规思路，经历了千万次的试验，还是没有取得成功；有时取得成功却全不费工夫，这种突然而至的东西就往往包含着意想不到的创造性，甚至会迫使人们放弃以前数年辛苦得来的成果。学会适当的变通，让对手永远猜不透我们在想什么，永远跟不上我们的节奏，成功往往更容易实现。

环境所迫时，适时吃点"眼前亏"

性格直率的女人遇到不利的环境时，总喜欢硬碰硬，其实这并不是什么好事。有时候不妨吃点亏，这样反而有利于以后更好的发展。

总之，女人凡事多留一点心眼，多一点远见，有时候因环境所迫，我们必须适时吃点"眼前亏"，否则可能要吃更大的亏，下面的小故事就值得我们深思。

一天，狮子建议9只野狗同它一起合作猎食。它们打了一整天的猎，一共逮了10只羚羊。狮子说："我们得去找个英明的人，来给我们分配这顿美餐。"

一只野狗说："一对一就很公平。"狮子很生气，立即把它打昏在地。

其他野狗都吓坏了，其中一只野狗鼓足勇气对狮子说：

"不！不！我的兄弟说错了，如果我们给您9只羚羊，那您和羚羊加起来就是10只，而我们加上一只羚羊也是10只，这样我们就都是10只了。"

狮子满意了，说道："你是怎么想出这个分配妙法的？"野狗答道："当您冲向我的兄弟，把它打昏时，我就立刻增长了这点儿智慧。"

自古以来就有"好汉不吃眼前亏"的说法。其实，在很多时候，略吃小亏，恭顺谦让，反而能得到更多的好处。

东汉永元七年（公元95年）邓绥被选入宫，成为和帝的贵人。入宫后邓绥得到和帝越来越多的宠爱，她不但没有骄傲，反而更加谦卑。她知道皇后的脾气，也隐隐约约感到皇后对她的忌恨，所以对皇后更加谦恭。每次皇帝举行宴会，别的妃嫔贵人都竞相打扮，服装艳丽，独有邓绥身穿素服，丝毫没有装饰。当她发现自己所穿的衣服颜色有时与皇后相同时，立即就会更换；若与皇后同时觐见，从不敢正坐。和帝每次提问，邓绥总是让皇后先说，从不抢她的话头。

邓绥以自己的谦恭，进一步赢得了和帝的好感，也反衬出皇后的骄横。面对邓绥的一天天得宠，而自己一天天失宠，皇后十分恼怒，永元十四年（公元102年）皇后用巫蛊之术，企图置邓绥于死地，不料阴谋败露，皇后被打入冷宫，后忧愤而死。

皇后死后，和帝想立邓绥为新皇后，邓绥知道后，自称有病，深处宫中不露，以示辞让。这下反而坚定了和帝立邓绥为后的决心，他说："皇后之尊，与朕同体，上承宗庙，下为天下之母，只有邓贵人这样有德之人才可承当。"永元十四年（公元102年）冬，邓绥终于被立为皇后。

邓绥以谦让的态度赢得和帝的宠爱，当上了皇后。正是由于她吃得眼前之亏，有容人的气度，结果更加得宠，从中我们不难看出谦让为怀者的智慧。

当一个人实力微弱、处境困难的时候，也就是最容易受到打击和欺侮的时候。在这种情况下，人们的抗争力最差，如果能避开大劫就算很幸运了。假如此时面对他人过分的"待遇"，最好是"退一步海阔天空"，先吃一下眼前亏，立足于"留得青山在，不怕没柴烧"，用"卧薪尝胆，待机而动"作为忍耐与发奋的动力。

汉朝开国名将韩信是"好汉吃得眼前亏"的最佳典型。乡里恶少要韩信爬过他的胯下，韩信二话不说，爬了。如果不爬呢？恐怕一顿拳脚，韩信不死也只剩半条命，哪来日后的统领雄兵，叱咤风云？他吃点亏，为的就是保住有用之躯，留得青山在，不怕没柴烧！

所以，当你在人性的丛林中碰到对你不利的环境时，千万别逞一时之勇，也千万别认为"可杀不可辱"，宁可吃吃眼前亏。

没有原则之争的事情，"糊涂"为上

真正的聪明女人应该是大智若愚的代表，在该聪明的时候聪明，该装糊涂的时候糊涂，尤其是在没有原则之争的事情上，

"糊涂"为上。糊涂是一种境界，是女人的生存智慧。在一些关键场合，在没有违背原则的情况下，偶尔装装糊涂，也会有意想不到的效果。

女人的糊涂之道更体现在日常的工作生活上，因为女人敏感，对一些事不会轻易地睁一只眼闭一只眼，凡事总要弄个明明白白才行。但现实生活中，如果凡事都斤斤计较，凡事都要弄个清清楚楚，长此以往，做事就会很累，就会深陷烦恼中而无法自拔。与其焦头烂额、身心疲惫，还不如用一种难得糊涂的态度来面对。万事以"和"为贵，对看不惯、看不顺眼的事，有时也要糊涂应对。

　　素妍最近就非常痛苦，因为她总是清醒地看到上司的不良习惯，虽然她一遍又一遍对自己说，出淤泥而不染更好，再说人无完人。但却也常常对有些事不能释怀，对于刚走出校园不久的她而言，她更希望办公室是个没有瑕疵的地方。

　　终于有一天她走进了人事部递交了辞职信，对于原因她简单地告诉主管：价值观念有所不同。主管被她的辞职理由搞蒙了，特地找她谈心，她也就一吐而快。人事主管没有挽留她，但却像朋友一样告诉她，这样的事情这样的人每个公司都有，有时糊涂就是最好的聪明。这下轮到素妍不明白，难道在职场就没有了是非观念了吗？后来她又换过几份工作，等到岁月的思考像痕迹一样留在她额头时，她才明白办公室里的是非原则是因公司而异，因人而异的。

　　只看光明，只看积极；放弃黑暗和消极。睁开的那只眼是为了管好自己的言行举止；闭着的那只眼是为了给自己养精蓄锐。与其抱怨，不如放弃抱怨的根源。此时，看上去的糊涂就是最好的聪明！

友情也需要一点距离美

　　"不要太靠近你的朋友。"这是一条女人不得不知的箴言。朋友并不一定要形影不离，但保持距离也不是要彼此疏远。现实中，很多人和朋友感情日渐疏远，问题恰恰就出在这种形影不离上。

人之所以会有"一见如故""相见恨晚"之感，就是因为人们被彼此的气质吸引，一下子就越过鸿沟而成为好朋友，这个现象无论是在同性还是异性之间都会发生。但是，两个人不管彼此间的吸引力有多大，毕竟是两个不同的个体，彼此所处环境不同，所受教育不同，因此人生观、价值观再怎么接近，也不可能完全相同，如果没有差异那就是两个同一体了，也就不存在彼此之间的吸引力了。

有一个铜制的壶在水面上漂流着，它觉得很孤单，想找一个同伴做自己的朋友，这样，在漂流的时候就有人聊天，日子就会过得很惬意。

一天，壶终于在水面上发现了一个同类，它兴奋地游了过去："喂，伙计，我是铜壶，我想和你交个朋友。"说完，铜壶就要去拥抱新来的陶壶。

"我很乐意和你做朋友，但请你离我远一点儿，不要太靠近我，因为我是陶制的，只要你轻轻地碰我一下，我就会成为碎片。"陶壶说。

密友之间相处的艺术与夫妻之间相处的艺术有相似之处，那就是要保持一定的距离。所以，如果你有了好朋友，与其因为太接近而彼此伤害，不如适度保持距离，以防碰撞，而且这样还能增进彼此的感情。

与朋友保持适当的距离，给彼此都留下足够的空间，这样，我们的友情才能更加持久。过于亲近，有时会被刺伤；过于疏远，又感受不到友情的温暖。只有把握好相处的距离，才能让友谊之树常青。

　　所谓"保持距离"，简单地说，就是不要过于亲密，不要一天到晚形影不离。也就是说，心灵应贴近，但身体应该保持距离。保持距离能使双方产生一种"礼"，朋友久则敬之，有了这种"礼"，就会相互尊重，避免碰撞而产生伤害。但运用这一技巧时，一定要注意度，如果距离过大，就会使双方疏远，尤其是现代商业社会，大家都在为自己的事业奔波，实在挤不出时间，就很容易忘记对方，因此一对好朋友要经常打电话，了解对方的近况，偶尔碰面吃吃饭，聊一聊，否则就会从好朋友变成一般朋友，最后仅成为熟人罢了。

精明不必写在脸上

　　生活中，那些爱表现的女人，也许容易让人察觉她的聪明，也容易让人看出她性格的缺点，内敛的聪明反而更容易让人接受。锋芒太露易遭嫉恨，更容易树敌，藏巧守拙才是长远之道，女性们尤其要懂得这一点。有时，女人的美丽在于适时的"笨"，并不是说聪明的女人不招人喜欢，而是告诫女人，不要处处表现得太聪明，自大、自满、自我标榜只会惹来祸端。真正的聪明人，永远知道自己的缺点。

　　《红楼梦》中的王熙凤就给了我们一个深刻的教训：聪明反被聪明误。

　　王熙凤何等的冰雪聪明，简直就是女人中的精品，恐怕这世上有很多男人都不及她。她八面玲珑、九面处世、外柔内刚；她笑里藏刀表面向你微笑，心里却在给你下套子。

王熙凤的能耐大得能登天，整个荣宁两府在她的整治下服服帖帖。可王熙凤却是一个精明过头的女人，精明到处处好强、事事争胜，哪儿都落不下她，终于落到"机关算尽太聪明，反误了卿卿性命"。

红学家们感慨这样一个精明能干的女人最终结局如此悲惨。她聪明一世，竟没有看透人生的处世哲学——难得糊涂。她被她的聪明、她的锋芒毕露给害了。

有智慧的人并不喜欢显露自己，因为过于显山露水只会让智慧发挥它的副作用，导致"聪明反被聪明误"的后果。为人处世是女人必须学会的，给人留下聪明的印象很重要，但要记得把握尺度，内敛而不拘谨，有内涵但不做作，才是真正聪明的标准。所以真正的聪明人绝不会说自己是聪明人，他们常以庸人或愚人自居，正如郑板桥"难得糊涂"一般。三毛也曾说过："我最喜欢别人将我看成傻瓜。这样与人相处起来就方便多了。"我赞成三毛的观点。在与人相处时候，做一个傻瓜，朋友反而会更多，处处都鹤立鸡群、高人一等的聪明人是难以找到真心朋友的，所以说，女人还是不要太聪明的好，或者学会装糊涂。

第三章

活出『无龄感』

三分之一给爱情，三分之二给自己

男人就像女人的一把保护伞，他为女人撑起一片晴空。女人常常就像一个虔诚的信徒一样，将自己的全部奉献给了爱情，希望永远躲在这把伞下。有人对爱情进行了量化分析，如果把女人全部的爱分成三等份，那么最好的策略是，三分之一给爱情，三分之二给自己。

爱一个人，无论有多深、多浓，一定要有自己。爱情必须建立在平等的基础上，你可以奉献，但绝不能跪着去爱一个人。爱中一定要包含着自身的尊严，就像《简·爱》中的简那样不卑不亢。身体的依恋是有限的，只有建立在灵魂平等基础上的真爱才能走得久远。

菲曾深深地爱上一个男人，她回忆说："爱上的时候，那种膨胀的占有欲折磨得我好苦。他和哪个女人多待一会儿，或者哪个女人在追求他，在他面前花枝招展，都会令我醋意大发。而他偶然的一个眼神、一句善解人意的鼓励，都会让我柔情似水，又怅然若失。常常在梦里伴着他，醒来一枕泪。心里不断地数落他不完善的地方，却仍然要被一种力量牵引，陷入情网。可是女性的矜持和骄傲又绝不允许我表白什么。我害怕与他对视，怕无法控制自己，可一旦他走过去，我又会在背后用我的目光追赶他的背影。况且在我的潜意识中，爱情必须男人先表白，或者如欧洲窗下的小夜曲，或者如中国的红梅赠君子，这样才不失一种古典的浪漫气息。"

菲望眼欲穿地等待，但仍没有结果，她所喜爱的男人最终选择了别人。对女人来说，寻找自己的保护伞，要有勇气，也要有力量，多要鼓起勇气表白。

爱情，不能对它太慈祥、太宽容，倘若这样，可能会失去你的保护神。你要努力又不动声色地提醒对方，让他感觉到你的存在。同样，对爱情也别太苛刻，太苛刻也会失去它，苛刻常常意味着你的不信任。

男人喜欢女人撒娇，喜欢女人偶尔耍小孩子脾气，只要不经常、不过分，他会更加宠爱你。不要因为你是女人就将主动权让给男人，美好的东西要去追求，机会要你自己去创造。女人在主动寻找爱情的同时，还应懂得把握好爱情的分寸，因为毕竟主动寻找来的爱情得来不易。

把三分之二的爱留给自己，一旦对方离开，你还能从对方越走越远的朦胧背影中回头，你还有爱自己的能力和勇气。如果把十分的爱全给了对方，在爱中丧失了自己，一旦对方变心，你就会措手不及。没有自己、不留任何余地的爱是可怕的，具有毁灭性和颠覆性，很容易酿出悲剧来。所以，你千万不能把爱全部投注在对方的身上，怎么能把生命的赌注全部压到他人身上，去指望他人呢？

把三分之二的爱留给自己，女人才能为自己留出个人的空间：那里保存着女人的尊严和价值、生命原则和人格魅力。因为这三分之二的距离存在，对方会觉得仍有深入和进步的可能，同时也不会让对方觉得太累。在节奏繁忙、凌乱的都市生活中，是没有人愿意负载一份太沉太累的爱行走的。

对于女人来说，爱情是生命中最厚重的，是无价的。男人让女人一生激动、倾慕、依恋，更让女人温暖，因此所有的女人都渴望永久拥有这份情感，彼此牵手走过一生。但很多时候，女人不仅仅要为得到这份情缘而欣喜，更重要的是还需学会守护爱情的技巧。这些技巧包括：不要把你的爱人拿来和别人的比较；不可以整天追问对方爱不爱你；不要摆脸色给对方看；要适度表现你的体贴和柔情；要恰当地把握嫉妒和娇媚；永远把家庭放在第一位；把爱人的父母当成自己的父母。

在茫茫人海中寻觅到自己的最爱真的不容易，而重要的是要积极寻找保持爱情不老的动力。所以，女人应该用自己的智慧，寻找爱情的庇护，掌握守护爱情的技巧，握紧真爱的手，将爱进行到底。

把自己放在第一位，好好爱自己

我们无从考证，究竟是根据什么理由，把无条件牺牲当作女人的美德。一个女人，以要照顾亲人作为抛却理想、梦想和欲望的理由，忘记追求，忘记进取，到最后甚至连自己都给忘掉，看似每天都忙忙碌碌，全身心地付出，可能真正得到的理解却并不多。心情抑郁不欢，脸上的笑容越来越少，家人的情绪被影响，丈夫、孩子的心都离她越来越遥远，受了那么多罪最终没有一点好处，最后独自黯然神伤，这样的女人真是得不偿失。同情她吧，那是她心甘情愿自找的；苛责她吧，她又确实为家庭付出很多，让人有那么点不忍心。可叹可悲！只能希望并祝福她早点变得聪明起来，对自己和亲人都是解脱。

女人应该把自己放在第一位，想吃就吃，想穿新衣服的时候就去买，抽时间好好打扮自己，让自己永葆青春，时时保持好心情。

女人应该把自己放在第一位，不懈地追求自己的理想，努力实现自己的梦想。把在厨房的时间减少一些，有空约自己的朋友喝喝茶，聊聊天，去户外走走，看看久违的风景，重拾原有的自信。只有自己把自己当回事，别人才会把你当回事，才能被别人看得起；只有自己把自己照顾好了，才更有资格去照顾别人。

女人应该把自己放在第一位，好好对待自己，不要在生活中迷失自己。心情不错时，可以随时改变自己。

生活的艺术在于知道如何享受一点点而忍受许许多多。每天给自己多一点自信，即使生活有一千个理由让你哭，你也要找到第一千零一个能让你笑的理由。

做个不讨人厌的"利己主义者"

从很小的时候，我们就听过"孔融让梨"的故事。家长和老师为了把我们塑造成一个好孩子，常常会教导我们要懂得礼仪，学会谦让。于是，很多女人为了得到"谦让"的美名，把自己喜欢的座位、礼品、食物统统让给了别人。在听到了大人的那一声夸奖之后，自己独自躲在角落里，为了自己的"伟大"而忍受着并不喜欢的事物。

这样的"虚伪"生活难道就是对一个人品德的高度赞扬吗？难道勇敢地追求自己想要的事物，也有错吗？

生活中，并不是所有的舍弃和忍让都是有价值的，比如说，妈妈拿回了两个苹果和一个梨，我们很想要那个大苹果，可是妹妹在，怎么办呢？按照常理来说，我们应该把那个大苹果让给妹妹，可是妹妹并不喜欢吃苹果，她喜欢吃梨，那就直接把梨给她好了，没必要非要因为传统精神的"忍让"而舍弃自己最喜欢的东西，强迫她接受自己不喜欢的东西。

所以，当"谦让"和"放弃自己的利益"不能发挥出价值的时候，我们就应该大胆做一个"利己主义者"，勇敢地成全自己。

家境贫寒的小雪曾经面临两难的选择。她的家境非常不好，爸爸妈妈都没有稳定的工作，收入很不稳定。比她大两岁的哥哥在读高三，已经经历了两次高考，但是由于他不爱学习，所以成绩一直不好，没能考上大学，就在高中一直复习。转眼，小雪也已经上高三了，如果她也参加高考，那么家里的负担就更重了。于是，爸爸妈妈做了这样一个决定，希望她能放弃学业，早一点找到一个合适的工作，赚钱贴补家用，供哥哥上学。

面对这样的情况，小雪为难了：上大学一直是自己的梦想。为了实现这个梦想，她一直都很努力地学习，成绩一直在班里名列前茅。相比之下，哥哥完全没有学习的天赋，虽然他已经读了两三次高三了，但是成绩一直不好，考上大学的希望几乎为零。所以，如果真的需要一个人放弃学业的话，还不如让哥哥放弃，而自己读书。

权衡了其中利弊的小雪将自己的想法告诉了父母，他们对她的想法很不理解，还责怪她只考虑自己，完全不顾及哥哥的感受。可是，哥哥却站在了她这一边，主动放弃了学业，开始赚钱养家。

一年以后，小雪不负众望，考上了名牌大学。四年以后，她被一家大公司录用，赚到了第一笔工资。她把所有积攒下来的钱都交给了父母，帮他们还清了家里的债务，还买了新房子。看到小雪为家里做了这么多，当初一直不理解她的父母，终于原谅了她。邻居们见了，也都纷纷夸赞小雪孝顺，完全忘记了当初对小雪"自私"行为的指责。

小雪的做法是明智的，因为即使她再怎么忍让，哥哥也不具备考取大学的实力，所以与其让兄妹二人都放弃了学业，还不如在开始选择的时候，就坚持自己的想法，给自己一次机会。

由此可见，"利己者"并不等同于自私。自私是内心只有自己，完全不顾及他人，而"利己者"是在自己的牺牲和忍让不能对他人产生价值的时候，才大胆地喊出自己的需求，争取自己的利益。

"利己者"是聪明的，因为他们有自己的主张，才没有造成不必要的牺牲，才没有造成不必要的资源浪费。所以，年轻女人，我们都应该做一个大胆的"利己主义者"。

对女人来讲，最大的负担之一，就是当自身的能力还没有完善时，就去帮助别人。

在上海一家公司工作的玉茹，是一个来自贫困地区的女人，父母省吃俭用地供她读完了大学，她和父母都松了一口气。为了报答父母的养育之恩，刚刚上班的她，每月都要拿出自己工资的一半寄给父母，她总是觉得自己的父母省吃俭用地供自己读书不容易，自己现在工作了，是应该报答父母的时候了。

但是，在一个物价颇高的大城市里，除了给父母的钱，再支付自己吃穿住行的费用，剩下的钱也就寥寥无几了。所以，玉茹每月几乎没有什么剩余，够自己维持生活就已经不错了，根本谈不上充电学习，继续提高自己。几年后，当同事们都已经升职加薪的时候，她还是在原来的职位上拿着那两千余元的工资。

有很多二十几岁的女人要从拼命工作得来的月薪中，拿出大部分的薪水给父母或者兄弟姊妹用，剩下的薪水用到自己身上时已是寥寥无几。有些女人甚至还会提供资金帮助男友求学，还没等到男友有所回报，自己早已累得筋疲力尽了。这样辛苦地工作，留给她的只有几句夸她善良的好话以及剩下没有存款的存折和迷茫的未来。

而当你在一开始时把钱都投资在自己的身上，一切都为自己的未来考虑时，肯定会有人在背后说你是自私鬼，甚至说你忘恩负义。但只要你确实是用这些钱来提高完善自己，那么就让他们说去吧！任何时候都要记得，只有自己有资本的时候，才有可能给需要你帮助的人带来更多的帮助。

二十几岁正是女人学习充电的最佳时期，也是为自己以后美好的未来打基础的阶段，所以，这时候最应该做的事情是多学习，多锻炼自己。等自己确实有了资本，你再去报答父母也不迟。

不必做到让每个人都满意

生活中，我们常常因为别人的不满意而烦恼不已，我们费尽了心思去让更多的人对自己满意，我们小心翼翼地生活，唯恐别人不满意，但即便是这样还会有人不满意，所以我们为此又开始伤神。很多时候，我们忙活工作或者生活其实花不了太多的时间，只是我们将大量的时间都花在了处理如何达到别人满意的这些事情上，所以身体累，心也累。

世界一样，但人的眼光各有不同，女人不必去花大量的心思去让每个人都满意，因为这个要求基本上是不可能达到的，如果一味地追求别人的满意，不仅自己累心，还会在生活和工作中失去了自我。

有这样一个故事：

一个农夫和他的儿子，赶着一头驴到邻村的市场去卖。没走多远就看见一群姑娘在路边谈笑。一个姑娘大声说："嘿，快瞧，你们见过这种傻瓜吗？有驴子不骑，宁愿自己走路。"农夫听到这话，立刻让儿子骑上驴，自己高兴地在后面跟着走。

不久，他们遇见一群老人正在激烈地争执："喏，你们看见了吗，如今的老人真是可怜。看那个懒惰的孩子自己骑着驴，却让年老的父亲在地上走。"农夫听见这话，连忙叫儿子下来，自己骑上去。

没过多久又遇上一群妇女和孩子，几个妇女七嘴八舌地喊着："嘿，你这个狠心的老家伙！怎么能自己骑着驴，让可怜的孩子跟着走呢？"农夫立刻叫儿子上来，和他一同骑在驴的背上。

快到市场时，一个城里人大叫道："哟，瞧这驴多惨啊，竟然驮着两个人，它是你们自己的驴吗？"另一个人插嘴说："哦，谁能想到你们这么骑驴，依我看，不如你们两个驮着它走吧。"农夫和儿子急忙跳下来，他们用绳子捆上驴的腿，找了一根棍子把驴抬了起来。

他们卖力地想把驴抬过闹市入口的小桥时，又引起了桥头上一群人的哄笑。驴子受了惊吓，挣脱了捆绑撒腿就跑，不想却失足落入河中。农夫只好既恼怒又羞愧地空手而归了。

笑话中农夫的行为十分可笑，不过，这种任由别人支配自己行为的事并非只在笑话里出现。现实生活中，很多人在处理人际关系时就像笑话里的农夫，人家叫他怎么做，他就怎么做。结果只会让大家都有意见，且都不满意。

谁都希望自己拥有和谐的人际关系，谁都希望自己在这个社会如鱼得水，但我们不可能让每一个人都满意，不可能让每一个人都对我们展露笑容。通常的情况是，你以为自己照顾到了每一个人的感受，可还是有人对你不满，甚至根本不领情。每个人的利益是不一致的，每个人的立场、每个人的主观感受是不同的，所以我们想面面俱到，不得罪任何人，又想讨好每一个人，那是绝对不可能的！

女人何苦让自己太累心，不要在意太多，不必去让每个人满意，凡事只要尽心，按照事情本来的面目去做就好。简简单单地过好自己生活就行，否则就会像故事中的农夫一样，费尽周折，结果还搞得谁都不满意。

拥有爱好是你珍贵的权利

每天抽出一点时间来培养自己的业余爱好，做一些自己喜欢做的事情，不仅有助于丰富我们的才情，还可以为我们忙碌的生活增添一分情趣。美国前总统罗斯福即使在战争最艰苦的年代里，仍然坚持每天抽出一点时间来从事自己的小爱好——集邮。做自己喜欢做的事，可以让他忘记周围的一切烦心事，让心情彻底放松，让大脑重新清醒，从而让他在面对工作时能够做出理智的决断。

其实，爱好并不需要限定在掌握一种乐器、熟悉一门技艺等具体的事情上，它可以很抽象，但绝对能成为你精神的寄托。从爱好中获得心灵的自由，这就是爱好给我们的最珍贵的东西。

很多小孩子有自己的爱好，譬如画画、音乐，可是在他成长的过程中，却因为很多外部的压力而渐渐放弃了这些爱好。而事实上，我们并没有从这种放弃中获利，生活苦闷的人总是居多。如果这些人能有一些自己喜欢做的事情，在其中享受毫无功利性的乐趣，他们还会抱怨重重吗？而且，这些看似只属于私人的爱好，也能给你带来无心插柳柳成荫的收获。

安娜是一家知名公司的经理，尽管自己的事业非常辉煌，但她总感觉到自己生活中缺了点什么东西似的。后来，她想起了小时候的爱好——画画。于是她开始每天抽出一个小时作画，用心体会画画所带给她的心灵的舒适。

为了保证这一个小时不受干扰，唯一的办法就是每天早晨五点前就起床，一直画到吃早饭。安娜后来回忆说："其实那并不算苦，一旦我决定每天在这一小时里学画，每天清晨这个时候，就怎么也不想再睡了。"她把楼顶改为画室，几年来她从未放过早晨的这一小时，而时间给她的报酬也是惊人的。她的油画大量在画展上出现，她还举办了多次个人画展，其中有几百幅画以高价被买走了。她把这一小时作画所得的全部收入作为奖学金，专供给那些搞艺术的优秀学生。她说："捐赠这点钱算不了什么，只是我的一半收获。从画画中我所获得的启迪和愉悦才是我最大的收获！"安娜画画不是为了赚钱，但却意外地获得了物质的回报，并且这些回报又可以继续用在她喜欢的事情上。这就是无心插柳柳成荫的美事。

我们可以有多项选择，例如插花、茶道、音乐、厨艺等，只需一样，就可以让平凡的女人有不平凡的亮点。

你并不需要为你的爱好付出很多时间，但记住一定要在心里为它留出一块地方。只有这样，你才能在烦扰的世俗生活中觅得一处清幽，从中收获快乐。

牵着自己的手去散步

如果有什么事让你感到忧伤，让你无法自拔，不要躲在房间，暗自神伤。何不放下那些牵挂和羁绊，那些纷争和困扰，出门走走。走出家吧，外面有广阔的天地。那样，会让你的心胸更加宽广。

在晚餐后，傍晚的余晖下，一个人独自出门散步。无论我们有多么累，只要走进林荫小道，看着欢快的孩子们在身边跑来跑去，一天中所有的疲惫和烦恼都将烟消云散。

人生就是一场马拉松式的运动，何必时刻总想着都争个第一，时时刻刻绷紧了神经，蓄势待发？你大可不必如此紧张，或许，你觉得现在正缺少功名利禄，你无法抽出身，闲眼看浮云。其实，我们缺少的既不是功名，也不是利禄，而是一双适合的鞋子。穿上它，轻轻松松迈出家门。穿过小区的公园，走过院子里那条羊肠小道。看看阳光，吹吹清风，注视一下树枝上对你叫个不停的小鸟。

这个时候，你会发现，阳光并不像平时那样刺眼，而是给了你温暖；清风不会吹乱你的头发，而是温柔地给你抚摸；鸟叫声也并不那么刺耳，而是那样和悦动听。

你并不需要有明确的目的地，漫无目的就行了。即使走到天边也无妨。你不需要担心自己迷路，因为只有这个时候，你的思绪是最放松的、最清醒的。

此时此刻，这个世界是你的，你可以晃晃悠悠地走，也可以蹦蹦跳跳地跑，不必在意别人的眼光，也不必窥探别人的心事。这里，没有利益之争，没有猜疑，没有压力，你体会到的只有轻松。

在一次谈话节目中，主持人正采访几位不同年龄的观众，让他们说出各自心中的偶像。在场的年轻人，有的说周杰伦，有的说孙燕姿。当采访到一位五十多岁的阿姨的时候，阿姨很开心地说："我的偶像是苏有朋！"苏有朋应该是年轻人的偶像，这位阿姨是不是有点"追星"的感觉？

阿姨不紧不慢地说出了自己的理由。阿姨年轻的时候原本是一个工厂的工人，因为效益不好，工厂开源节流的时候，她下岗了。接着，她的孩子在一次车祸中丧生，她的家庭本来就很困难，在为生计发愁的时候，又意外接到这个噩耗。这让她几乎痛不欲生。

半年的时间，她不再张罗着找工作，几乎不主动跟家人说话，也很少出门见人，因为她不再有那份心情。那段时间的她，处于人生的最低谷。

突然，某一天，她不经意间听到了屋外广播中传来的歌声，正是苏有朋唱的《出去走走》："出去走走，忙里偷点闲；出去走走，烦恼抛一边，好心情就在一瞬间。随绿色蔓延，从嘴角到心田，从今天到永远，热雷雨后，挂一道彩虹，天空多耀眼。"

一首歌，顿时让阿姨豁然开朗。是啊，为什么不出去走走？既然选择了生活，为什么不活得好一点？

她决定出去走走，把所有的烦恼都丢在一边，只欣赏一些美好的东西。于是，她背上行李，暂时离开家人，离开那个让她伤心的地方，来到一个全新的城市，找了一份工作，之后她不断用工作充实自己。现在，她已经是一家服装公司的老板。

也许现在的你，生活并不富裕；也许你没有一份体面的工作；也许你正在困境中；也许你被情所弃。但不论什么原因，请试着出门走走。一个人出门散步，能让你的心灵获得一片宁静。只要能保持一种淡泊清净的心境，守住一片温馨的宁静，就能够理智、从容地对待生活。你也会发现人生处处有美丽的风景，生活时时有温馨的笑靥。当你尝试着牵着自己的手，进行这样一次漫无目的的散步的时候，你会发现，你的心情豁然开朗，仿佛进行了人生的一次洗礼。

自信让女人独具芳香

有一种女人，即使她没有令人惊艳的姿容，她还是在人群中卓然而立，举手投足之间显示出干练与风度，身边仿佛笼罩着一层光环，被她吸引的人都会称赞她非凡的气度。这种女人就是自信的女人！

自信的女人拥有一种"光环效应"，通身散发着独特的吸引力，自信使她看上去神采奕奕，明艳动人。她总是昂着自信的头，嘴角常挂着微笑，炯炯有神的双目流动着光芒。

事实上，每个女人都是独一无二的美妙存在。我们要怎样才能充分感受到自己的与众不同？怎样才能找到比较成熟的自我？

首先，做个自尊、自强、自爱的女人，尽可能地张扬自己的优势。你有什么优点？你能准确地描述自己的长处吗？不要以为说出自己的优点，就是炫耀，在任何应该表现自我的地方都一定要与谦虚说再见。"我说英语很流畅，可以胜任接待外宾的工作。""我曾获得演讲比赛冠军，请让我负责这次的招商演讲。"说这些话的时候，你应该是自信满怀、话语坚定，你能够做到，就不要藏身人后，白白失去表现自我的机会。即使只是菜烧得好、歌唱得好，会讲一两个笑话，等等，也是可以利用的优点。只要你用欣赏的眼光看自己，仔细地观察自己，就能发现自己具有的优良特质。你的自尊自爱会成为助你成功的力量。

其次，不要做个自贬的女人，动不动便廉价地出售自我。

我们的传统教育让女人要谦逊、谦虚、忍让，谦虚过度却变成了消极的自贬。你要做的是看清你自己，所有的长处和短处，所有的优点和缺点，不要总用"我不行""我做不到"来暗示自己，久而久之，你会觉得自己毫无价值。如果你自己都用怀疑的目光打量自己，还怎么指望能获得他人的承认和重视呢？

再次，你应坚信"天生我材必有用"这句话。每个人都有自己的长处，也能找到自己的立足之地。

有这样一个女人，她毕业于设计专业，曾做过模特经纪人，就在大家都很羡慕她时，她却选择了离开这个行业，因为在她内心深处，最爱的是形象设计。那时的中国在这个行业中还未出现第一个吃螃蟹的人，没人去打开这个市场，她却挑战了一把，开始从事形象设计和形象咨询，并创立了一家形象沟通顾问公司。她最初创业时是从一个工作室起步。那时的她发现这个社会十分需要这样的行业，刚好国内还没人从事这样的工作，或者说还没有把它正规化。于是她凭着自己的爱好，凭着自己的技术走出了第一步，也是这个行业的第一步。用专业的知识和健康阳光的心态影响客户；帮助孤单的离异男女树立自信、快乐地生活；帮助女性提高管理自己和家庭的能力，促进家庭的和谐与和睦。这就是她的初衷，并且一直坚持着。

创业伊始，遇到了不少困难，客户源缺乏、开支大、收入少……但她还是一步一步走出了自己的成功之路。她从来不想做不到怎么办，遇到问题就想方设法解决，终于创造出一番事业。她认为了解别人的女人是聪明的女人，了解自己的女人是智慧的女人。她不仅会给客户提供建议，还会教他们如何寻找到自己，只有知道并且了解了自己之后，才知道如何塑造自己的形象，才会更加自信。而她也正是凭借这种自信，充分发挥了潜藏于自己内心的能量，实现了自己的价值。

每一个女性都有自己潜在的力量，有自己可以发挥的作用，有自己存在的价值。女人们，自信起来吧，天生我材必有用！让自信开启人生引擎的爆发力。

第四章

你努力的样子，真好看

想要什么，就要自己去争取

许多女人习惯于压抑自己的个性，她们将内心的需要藏得很深，明明很想要，或者很在意，却总是装作一副无所谓的样子，致使自己错过了很多的机会。可以说，这样的性格不是一朝一夕形成的，但是习惯于以这种方式生存的女人，常常会错过自己的幸福。所以，聪明的女人，想要什么就大胆地喊出来，并且努力实现自己的目标。只有这样，我们才能达成自己的心愿，过上自己想要的生活。

罗马纳·巴纽埃洛斯是一位年轻的墨西哥姑娘，16岁就结婚了。在两年当中她生了两个儿子，之后丈夫离家出走，罗马纳只好独自支撑家庭。但是，她决心谋求一种令她自己及两个儿子感到体面和自豪的生活。

她带着一块普通披巾包起全部财产，跨过里奥兰德河，在得克萨斯州的埃尔帕索安顿下来。她在一家洗衣店工作，一天仅赚一美元，但她从没忘记自己的梦想，她要摆脱贫困过上受人尊敬的生活。于是，口袋里只有7美元的她，带着两个儿子乘公共汽车来到洛杉矶寻求更好的发展。

她开始做洗碗的工作，后来找到什么活就做什么。拼命攒钱直到存了400美元后，便和她的姨母共同买下一家拥有一台烙饼机及一台烙小玉米饼机的店。

她与姨母共同制作的玉米饼非常成功，后来还开了几家分店。直到最后，姨母感觉到工作太辛苦了，便把股份卖给她。

　　不久，她经营的小玉米饼店成为美国最大的墨西哥食品批发商，拥有员工300多人。在她和两个儿子经济上有了保障之后，这位勇敢的年轻妇女便将精力转移到提高美籍墨西哥同胞的地位上。

　　"我们需要自己的银行。"她想。后来她便和许多朋友在东洛杉矶创建了"泛美国民银行"。这家银行主要是为美籍墨西哥人所居住的社区服务。如今，银行资产已增长到2200多万美元，这位年轻妇女的成功确实得之不易。

　　起初，抱有消极思想的专家们告诉她："不要做这种事。"他们说："美籍墨西哥人不能创办自己的银行，你们没有资格创办一家银行，同时永远不会成功。"

　　"我行，而且一定要成功。"她平静地回答。结果她梦想成真了。

　　她与伙伴们在一个小拖车里创办起他们的银行。可是，到社区销售股票时却遇到另外一个麻烦，因为人们对他们毫无信心，她向人们兜售股票时遭到拒绝。

　　他们问道："你怎么可能办得起银行呢？我们已经努力了十几年，总是失败，你知道吗？墨西哥人不是银行家呀！"

　　但是，她始终不愿放弃自己的梦想，始终努力不懈。如今，这家银行取得伟大成功的故事在东洛杉矶已经传为佳话。后来她的签名出现在无数的美国货币上，她由此成为美国第三十四任财政部部长。

通过上面这个故事，我们可以看出，在女人成就梦想的路上，总是会遇到很多的困难，也经常会有人提出异议。可是，只要我们勇敢地喊出自己的目标，并且拿出勇气应对一切困难和挫折，那么我们就能摆脱一切困难，实现自己的目标。

当然，社会的发展还没能让我们摆脱"淑女"的枷锁，女人像男孩一样在社会上打拼，也常常会得到身边人的不解。但是，周围的一切不过是社会给予女人的"精神监牢"，只有勇敢地打破它，女人才能获得自由和快乐。

外表要温顺，内心要强大

美国前总统老布什的妻子芭芭拉是一位很坚强的女性，面对家庭诸事，她总能沉着应对。她患有甲状腺炎，布什也有心脏病，女儿多罗蒂离婚、儿子尼尔职位被解除，特别是 1953 年女儿罗宾死于白血病，但这一切都没有压倒布什夫人，她总是竭尽全力保护他们。有一次，布什出席一个宴会时突然晕倒，在场人员不知所措，芭芭拉却当机立断，打电话叫急救车，亲自送丈夫去医院。

坚强，是每个成功人士必备的品质之一。《易经》曰："天行健，君子以自强不息。"也许有时候，我们无奈于生命的长度，但是坚强能够让我们选择生命的宽度与厚度。在这个世界上，我们会遇到赏罚不公，会遇到就业压力，会遇到竞争，会遇到病魔，会遇到……但是，女人可以运用自己手中坚强的画笔，为自己在逆境中描绘一片属于自己的蓝天，为自己绘出红花绿草，清风习习。

人生不可能一帆风顺，所以自从你有自我意识的那一刻起，你就要有一个明确的认识，那就是人的一辈子必定有风有浪，绝对不可能日日是好日、年年是好年。当你遇到挫折时，不要觉得惊讶和沮丧，反而应该视为当然，然后冷静地看待它、解决它。

很多女人遭逢生命的变故时，总会不停埋怨老天："为什么是我？""为什么我就这么倒霉？"……即使哭哑了嗓子，事情也不会无缘无故地好转，所以要坚强地面对。碰到令人伤心的事情发生时，你第一个念头要告诉自己："它来了！这是必经的过程，只有自己能帮助自己，所以我要勇敢面对，现在就想办法处理！"不断用心灵的力量来为自己打气，然后要比平时更精神百倍，才能让自己走过生命的黑暗期，迎向灿烂的明天。遇到困难时，越是坚强的女人，越有一股让人尊敬与心疼的魅力。唯有自己表现得更坚强，别人才能帮助你。

坚强也是一把双刃剑，多则盈，少则亏。少了坚强做伴的女人，或是唯唯诺诺，没有自我；或是哀哀怨怨，陷在一件可小可大的事里，挣扎在一段越理越乱的感情里不能自拔。只有坚强的女人，为了坚强而追求着坚强，从不停下脚步，坚强于她只是一种习惯。

总而言之，女人要活得自我，活得幸福，坚强是第一要素。不管你的外表多么柔顺，多么小鸟依人，有一颗坚强的内心，女人才能活得更加精彩。因为它就是一把开山的斧，远航的帆。面对挫折或者失败，女人更需要的是从失败中站起来，微笑着面对风霜的袭击，用宽阔的胸怀去拥抱挫折。女人用怀抱守护心灵的沃土，懦弱才不会乘虚而入，灵魂才会在美好的港湾停泊、歇息。

不怕万人阻挡，只怕自己投降

生活中，很多事情你越是想不要痛苦就越觉得痛苦，越是想要放弃或逃避越是逃脱不了：父母生活在社会的底层，不能给你一座强有力的靠山，还要你赚钱贴补家用；你没有过人的才华，不懂得为人处世的技巧，在办公室里，你要小心翼翼地做人，唯恐一时失言把别人得罪了；你没有很漂亮的脸蛋、魔鬼的身材，走在人群当中，你不知道该用怎样的资本去高昂起头颅，展露属于自己的那份自信……

有一首歌的歌词中写道："逆风的方向，更适合飞翔。我不怕万人阻挡，只怕自己投降。"一个人无论面对怎样的环境，面对再大的困难，都不能放弃自己的信念，放弃对生活的热爱。很多时候，打败自己的不是外部环境，而是你自己。

只要一息尚存，我们就要追求、奋斗。那么，即便遭遇再大的困难，我们都一定能化解克服，并于逆风之处扶摇直上，做到"人在低处也飞扬"。

许多年前，一个妙龄少女来到东京酒店当服务员。这是她的第一份工作，因此她很激动，暗下决心：一定要好好干！她想不到：上司安排她洗厕所！

洗厕所！实话实说没人爱干，何况她从未干过粗重的活儿，细皮嫩肉，喜爱洁净，干得了吗？她陷入了困惑、苦恼之中，也哭过鼻子。

这时，她面临着人生的一大抉择：是继续干下去，还是另谋职业？继续干下去——太难了！另谋职业——知难而退？人生之路岂有退堂鼓可打？她不甘心就这样败下阵来，因为她曾下过决心：人生第一步一定要走好，马虎不得！

这时，同单位一位前辈及时地出现在她面前，他帮她摆脱了困惑、苦恼，帮她迈好这人生第一步，更重要的是帮她认清了人生路应该如何走。但他并没有用空洞理论去说教，只是亲自做个样子给她看了一遍。他一遍遍地抹洗着马桶，直到抹洗得光洁如新。

实际行动胜过万语千言，他不用一言一语就告诉了少女一个极为朴素、极为简单的真理：光洁如新，要点在于"新"，新则不脏，因为不会有人认为新马桶脏。

同时，他送给她一个含蓄的、富有深意的微笑，送给她关注的、鼓励的目光。她热泪盈眶，恍然大悟！她痛下决心："就算一生洗厕所，也要做一名洗厕所最出色的人！"

从此，她成为一个全新的、振奋的人；她的工作质量也达到了那位前辈的高水平。

几十年光阴一瞬而过，如今她已经是日本政府的主要内阁官员——邮政大臣。她的名字叫作野田圣子。

野田圣子坚定不移的人生信念，表现为她强烈的敬业心："就算一生洗厕所，也要做一名洗厕所最出色的人。"

这一点就是她成功的奥秘之所在；这一点使她几十年来一直奋进在成功路上；这一点使她从卑微中逐渐崛起，直至拥有了成功的人生。

缺点并不可怕。人生之中，无论我们处于何种在他人看来卑微的境地，我们都不必自暴自弃。只要渴望崛起的信念尚存，只要我们能坚定不移地笑对生活，那么，我们一定能为自己开创一个辉煌美好的未来！

女人的独立，立在一个"钱"字上

当代社会，女性的地位和声誉已经获得了很大的提升。虽然不排除女性中仍有弱势一族，但此时的"弱者"与历史上"弱者"的含义已有了很大的差别。历史上女人被称为弱者，缘于女性完全从属于男性，除了充当"生产工具"和"免费奴仆"外，基本上没有别的用途。而今天，女人们觉醒了，她们摆脱了男人的奴役，用自己的勤劳和智慧向世人证明了女人不比男人差，女性能顶半边天。

每个女人心里都明白，只有经济上的独立才能算是真正的独立。

挪威剧作家易卜生的作品《玩偶之家》中，其中一段讲到女主人公娜拉因不堪忍受"玩偶"的角色愤然离家出走。鲁迅的一声棒喝，给娜拉出走后的结果做出了有力的判断，一语道破了残酷的现实：由于缺乏独立的经济地位，娜拉出走以后："或者也实在只有两条路：不是堕落，就是回来。"

　　长久以来，女人往往以嫁个好男人为人生的第一目标，认为找到了好丈夫就等于找到了"义务提款机"。但这种观念在现代社会已经受到了强烈的冲击，女人们已经意识到，"婚姻是找一个体贴的伴侣，而不是长期饭票"。

　　有过两次失败婚姻的小陈比任何女性都深切体会到，婚姻并不是女人一辈子的依靠，甚至有可能因为婚姻让女性失去经济自主性，因此，她不断提醒身边年轻的女性朋友或同事，"先别想着嫁人，经济独立是第一位的"。

　　另外，女人们也发现，天有不测风云，丈夫现在有钱，不代表将来一定也有钱，中年经商失败的案例比比皆是。这一点直接体现在近几年直线上升的离婚率上。这一点也反过来提醒女人，有了男人这张长期饭票，不一定就可以高枕无忧。

有一位姓夏的女士，无论婚前婚后都没有放弃自己的事业。虽然丈夫很有钱，但她从来没想过要靠他养，她说："别人给你一百万和你自己挣一百万，那种感觉是完全不一样的。"夏女士平时无论是去商场购物，还是去美容健身，都花自己的钱，想干什么就干什么，完全不用看丈夫的脸色做事。即使有了分歧，说话也是理直气壮的，丝毫不必委曲求全，也不怕丈夫有外遇。用她的话说，女人花自己的钱才真正能随心所欲，自在舒坦；你不依靠男人了，男人反而更尊重你。现在的男人都欣赏经济独立、追求上进的女人，哪个好男人会那么傻，放着好女人不要，要去娶一个一无所长、只会依赖自己的女人呢？再说，女人自己有钱了，才不会整天对男人黏黏糊糊，他们反倒觉得你稀奇，也怕你被别的男人盯上，反倒成天缠着你不放——这样做女人才舒心！

经济独立才能获得真正的独立，才能更快乐地享受生活。许多心理学家都说过，收入决定一个人的自我感觉，女人随着收入的快速增长，她们的自我感觉也会越来越好，她们相信自己的能力，并且善用年轻的优势，很早便建立起了财富意识，做起了快乐的小富婆。因此，有人说："女人一定要有钱，有钱才能独立，独立才有自信，自信才会美丽！"细细品味，一语中的。在历史上，女人的另一个名字叫作"弱者"。但随着时代的变迁、社会的进步，她们奋然崛起，通过不屈不挠的努力，使弱者这一别名随着历史的车轮而逐渐远去。

培养进取心，让智慧不断升级

进取着的女人是美丽的，这种美丽是不可替代的。进取赋予了女人自立自强的人格魅力。如果把年轻靓丽的容颜比做花朵的话，那么经过进取历练的气质美便是从花朵中提炼出来的精华。前者娇嫩易逝，后者却历久弥香。要知道，事业上执着的信念、淡定的心态和宽广的胸怀，是修炼女性气质之美的三大法宝。有了它们，进取就无时无刻不在为女人化妆，使进取中的女人更美丽、更幸福。

如今，现代文明是越来越丰富了，也给予了每个人更加宽广的活动舞台。女人开始走向职场，和男人一样打拼，一样渴望成功。在各行各业也的确涌现出许多女性成功者。她们不仅事业上可以与男子比肩，生活上也相当圆满，她们代表着当前时代的特征——干练、简明、高效和精彩，成了这个社会大舞台中最亮丽的一道风景，也成为每一位渴望进步的女人学习的典范。

她们之所以能把生命经营得如此精彩，就在于她们能够不断进取，不断充实自己。

人生旅程就是一段漫长的奋斗过程，就是一段自我创造、自我完善的过程。每个人都在自己的生活道路上撰写着自己的人生篇章，只有那些经历过风吹雨打、体验过失败考验的人生著作，才是最好的著作。

进取着的女人是美丽的。进取，让女人走出了狭小的家庭生活空间，让女人的视野开阔，心也随之澄明起来；进取，让女人发现了更能凸显自己个性价值的方式；进取，也最能让女人找到自己的尊严。面对一个自尊自爱、自立自强的女人，相信每一个人都会由衷赞叹她的美丽。

在这类女人的身上，首先打动人的是信念。信念是她们对进取的热爱和理解，是她们面对挫折、打击时，仍然在内心深处固守的一份执着的勇气。有了这样的信念，才会真正明白拥有一份进取的意义，并真正地和这份进取融为一体。其次是淡定的心态。一种宠辱不惊、未来尽在掌握的优雅，直面困境，笑对冷语嫉妒，并以微笑感染身边的人。这种发自内心的灿烂的影响力，远胜所有驻颜良药。再次是宽广的襟怀。高速的生活节奏让人们几乎忘记体谅、忘记感动，而她们却懂得时时体谅他人，赢得尊重。

因此，我们可以这样认为，一个人在社会大舞台上的活动越是频繁，她对社会的价值就越大，她的人生意义也就越大，她的生活就越精彩。亲爱的女性朋友们，你想出落得更精彩吗？用十二分饱满的精力和毅力投入你所做的事业上，不断进取，胜利正在向你招手！

眷恋"安稳"是青春最大的杀手

成功的女人都有勇于冒险的精神，她们的生命就好似是一场华丽的冒险，处处充满着悬念和惊喜；而平凡的女人，之所以一生无大的成就，因为她们一直在追求一种安全平稳的生活。这种女人本身总有一种不安全感，这使得她们特别眷恋安稳的感觉，养成"懒散"的毛病，一旦得到比较安稳的位置，便想固守不求进取了。这样，她一生只会机械似的工作，挣取勉强够温饱的薪金，以静待死神的光临。

眷恋安稳的女人在开始做一件事情之前，总是会做过多的准备工作。她们认为每一项计划和行动都需要完美的准备。她们只在自己熟悉的领域搭建一个舒适的温室，例如说爱待在家里无所事事，将"在家靠父母，出门靠朋友"这句话彻底执行。她们不敢向陌生的领域踏出一步。对生活中不时出现的那些困难，更是不敢主动发起"进攻"，只是一躲再躲。她们认为：保持自己熟悉的一切就好；对于那些新鲜事物，还是躲远点好，否则，就有可能被撞得头破血流。

安稳是一个陷阱，让她们丧失了斗志和激情，她们不敢打破固有的生活方式，不敢寻求新的改变，结果在懒散之中浪费了自己的青春。

西方有句名言："一个人的思想决定一个人的命运。"做任何事都要求安全感，不敢挑战冒险，是对自己潜能的否定。与此同时，安全感会使你的天赋减弱，就像疾病让人体的机能萎缩和退化。

但如果女人能够突破"安稳"这一关，尤其在二十几岁的最佳年龄开始抛离懒惰和谨慎，人生就可能有很大的改观。

小莲曾经是大学中的风云人物，她既是班长，有着卓越的领导能力，又是学校文艺部的部长，能歌善舞，还在校外兼职模特，拥有天使般的脸庞和魔鬼的身材。无论到哪里，小莲都成为众人瞩目的对象，她的大学生活丰富多彩。大学毕业后，同学们都为了前程各奔东西，小莲的身影也消失在众人的视线中。

过了 5 年，再次见到小莲，人们几乎认不出那个曾经美丽热情的可人儿，这时的小莲变得肥胖而臃肿，曾经浪漫多情的眼神也已经蒙上了层层的黯然。原来小莲毕业后，便在某市当局长的父亲安排下，进入国税局当公务员。这是一份令人艳羡的工作，待遇高，福利好，对于刚毕业的大学生来说是怎么也摔不破的金饭碗。在这样的环境下，小莲在单位只是嗑嗑瓜子、跟同事聊聊八卦。日复一日，热情和理想都被工作的悠然所抹平，麻木而被动地生活着。

我们不禁为小莲叹惋，如此一个美丽的女子，却被时间丑化了。在悠闲宽松的工作环境中，她失去了进取的动力，没有了更高的目标，满足于现状让她的魅力消失了。

能变通者才能生存，"物竞天择，适者生存"的准则，不仅是自然界的生存法则，也是人类社会不断发展的内在规律。不论是生物学家还是社会学家都承认，害怕变化、不敢冒险的"安全"者们，都会被淘汰。

麻木是心灵的腐蚀剂。这并非只是一句冠冕堂皇的话，其中的深意让人触目惊心。在现代，有多少个小莲，在麻木中稀释了时间，浪费了光阴。不要以为麻木是对现实的一种应对，这其实是一种逃避。麻木的生活就如同鸡肋一般，食之无味，弃之可惜，这样的日子是我们为之追求的理想生活状态吗？答案是"否"。所以即使再世俗，生活也还要有活力，我们不停地汲汲而取，为生活而忙碌，都需要佐以热情，找到生活的快乐。

"香奈儿"这个名字是一个传奇，她从来就不是一个安于本分的人。她的名字后来竟成为女性解放与自然魅力的代名词。她特别在意自己个性极强的生活，她年轻时是巴黎一家咖啡厅的卖唱女。"香奈儿"经历过一次失败的情感——18 岁时当了花花公子博伊的情妇。她没有就此沉沦下去，而是借助博伊的帮助开了三家时装店，使她的服装进入巴黎的上流社会。

对于浮夸与矫情的上流社会，"香奈儿"的礼服是玛戈皇后装的翻版。"香奈儿"和她的服装充满了怪异，但也充满了致命的吸引力。有一次，她的长发不小心被烧去几绺，她索性拿起剪刀把长发剪成了超短发。

在她走进巴黎舞剧院之后的第二天，巴黎贵妇们纷纷找到理发师给她们剪"'香奈儿'发型"。无论是"香奈儿"的香水还是"香奈儿"的服装，真正的魅力在它们的制造者身上。

30 岁以后的"香奈儿"还清了欠博伊的钱，她独立了。从1930 年一直到死，她都独自住在巴黎利兹饭店的顶楼上，她是世界上最著名的服装设计师之一。

成功者都是勇于挑战和勇于面对挑战的人。成功者不会安于自己的现状，他们敢于冲出牢笼，寻求自己想要的生活。

"香奈儿"的成功就是因为不安于现状，这给了她灵感和动机，让她走出了"安稳"的牢笼，创造了一个经典的品牌。不管你的外表是美的还是丑的，也不管你的心智是聪明的还是愚笨的，都要凭着自己的心性去过自己想要的生活，不要被"安稳"的陷阱温柔地杀死。多一些冒险精神，做一个独立的个体，这样的女人永远自信快乐，这样的女人也永葆青春。

第五章

不讨好每一份冷漠，
不强求每一份热情

主动出击与人交往

经常会遇到这样一种场面：在生日宴会上，几个好朋友聚在一起欢天喜地地玩闹，而旁边会有一些人只是一声不吭地吃着东西，没有加入那些人的行列。这样的人，实际上是白白放弃了扩大自己交际圈的好机会。聪明的女孩会主动争取和别人交流的机会，为自己开拓一个崭新的世界，让自己走向成功。

那么，怎样才能和对方良好地交流呢？有这样一句话："对方的态度是自己的镜子。"在日常人际交往中，有时自己感觉"他好像很讨厌我"，其实这正是自己讨厌对方的征兆。因此，对方也会察觉到你好像不喜欢他，两个人就会越来越讨厌彼此。在出现这种情况的时候，自己要主动与对方交流，主动敞开心扉，打破愈演愈烈的彼此讨厌。

"对方愿意接近我，我也愿意和他交谈""对方如果喜欢我，我也喜欢他"，如果用这种被动的姿态与人交往，那你永远也不会建立起和谐友好的人际关系。要想使自己拥有和谐友好的人际关系，使自己每天的心情都轻松愉快，毋庸置疑，那就应该采取积极主动的态度与人交流。

要想营造好的人脉网必须强调主动，一切自卑的、畏首畏尾和犹豫不决的行为，都只能导致人格的萎缩和做人处世的失败。所以，拿破仑说，进攻是"使你成为名将和了解战争艺术秘密的唯一方法"。

可以说，成功的人际交往，也是一场不流血的、平静温和的战争。因此，主动进攻不仅是一种行为风格，从思想上讲，更是一种谋略。

道理是这样，但很多女孩心里对主动交往有很多误解。比如，有的女孩会认为"先同别人打招呼，显得自己没有身份""我这样麻烦别人，人家肯定反感的""我又没有和他打过交道，他怎么会帮我的忙呢"，等等。其实，这些都是害人不浅的误解，没有任何可靠的事实能证明其正确性。但是，这些观念却实实在在地阻碍着女孩们的人际交往，让她们失去了很多结识别人、发展友谊的机会。

当你因为某种担心而不敢主动同别人交往时，最好去实践一下，用事实去证明你的担心是多余的。不断尝试，会积累你成功的经验，增强你的自信心，使你的人际关系愈来愈好。

在谈话中，如果能控制话题的主动权，你的压力就会缓和下来。但是，如果处在主动权落入他人手中，受制于人的情况下，谈话就不会像你希望的那样顺利进展了。如果对方不怀好意，存心问些尖锐敏感的问题，你更是一味陷于挨打的局势了。此时，你也许会苦思如何回答问题，殊不知这样一来，正中了对方的陷阱。

其实，这时恰是你反击的时候。你无须正面回答对方的问题，可以提出相关的问题，反过去征询对方的意见。据说，善于社交的高手，大都擅长使用这种"转话法"，以确保掌握谈话时的主导权。

除了变被动为主动外，女孩在谈话时难免失言，而且，在关系重大的面谈中失言，可能会对其造成致命的一击，甚至会让其一蹶不起。不管说错了什么话，即使是无伤大雅的小事，一旦失言，女孩们第一个反应就是慌乱，告诉自己"完蛋了"，瞬时热血直往脑门上冲，说话就更加语无伦次。面对这种情况，千万不能慌，要变被动为主动，才不会堵死自己与对方交往的路。

拥有丰富多彩的人际关系是每一个现代女性的需要。可是，现实生活中，很多女孩的这种需要都没有得到实现。她们总是慨叹世界上缺少真情、缺少帮助、缺少爱，那种强烈的孤独感困扰着她们，使她们痛苦不已。其实，很多女孩之所以缺少朋友，仅

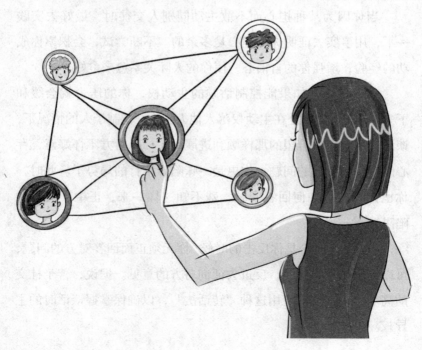

仅是因为她们在人际交往中总是采取消极的、被动的退缩方式，总是期待友谊从天而降。这样，虽然她们生活在一个人来人往的工作场所，却仍然无法摆脱心灵上的寂寞。这些女孩，只做交往的响应者，不做交往的主动者。

要知道，别人是没有理由无缘无故对我们感兴趣的。因此，如果想赢得别人的友情，与别人建立良好的人际关系，摆脱寂寞的折磨，就必须主动交往。

将心比心是你的攻城秘器

懂心理的女人明白，说服的最佳效果是双方达成共同认识。而主动调整自己的态度和行为方式，启发对方与自己进行心理位置互换，让对方设身处地体验自己的心理，则是达到这一目的行之有效的方法之一，也就是将心比心。

下面举两个例子来阐述这个观点。

下乡知识青年小红在农村和农民小刘结婚，还生了个女儿。后来重逢昔日的恋人——一个英俊的高才生，小红欲重修旧好，却又举棋不定，于是向奶奶寻求帮助。

"你的事，奶奶全知道，如今你打算怎么办？"

"不知道，我……我说不出来……"

奶奶说："奶奶知道你委屈。人，谁没有委屈呀？我 24 岁那年，你爷爷就牺牲了，本家本村的都劝我再找个主儿。你曾爷爷跟我说：'女儿，地头还长着呢，往前走一步吧。'我不愿给孩子找个后爹，硬是咬着牙过来了。人活着，就是为了别人，去受苦，去受难，天底下哪有那么多幸福？要说委屈，就先委屈一下自己吧！"

"可我以后的路该怎么走啊？"

"做人哪，前半夜想想自己，后半夜想想别人。你和那个小伙子倒是挺般配的，可就算你俩成了，日子过得挺舒心的，你就保准一早一晚地不想小刘他们父女？那时，你虽吃着蜜糖，但却忘不了人家在喝苦水。你甜在嘴上，苦在心里。甜的苦的一掺和，一辈子都是块心病。我今年80岁了，什么苦都尝遍了，可就是没留下一件亏心事。俗话说，'人'字好写，一撇一捺，真正做起来就难了！"奶奶说的话句句动人心。

"奶奶，我懂了。"小红擦了擦眼泪，说，"我今天就回家带孩子去，安心过日子。"

奶奶的劝说语重心长，她用通俗的语言，站在对方的立场上，设身处地为孙女分析情况，从而使孙女做出了正确的选择。

用语言做假设，可达到将心比心的目的；用实际的行为，现身说法，让对方体验别人的心理，进而对自己的言行做出调整，同样可达到将心比心的目的。某商店有位营业员很会做生意，她的营业额比一般营业员都高。有人问她："是不是因为能说会道，所以你的生意如此兴隆？"她回答说："不是，我的秘密武器是当顾客是自己人。"她总是站在买者的立场上替顾客精打细算，现身说法，使对方的戒备心理、防范心理大大降低，而且产生了一致的认同感，故而说服了顾客，做成了生意。将心比心是站在对方的角度谋划和考虑，理解对方的心理、对方的需求、对方的困难，这种说服方法容易使对方接受，并最终使双方达成统一认识。

永远站在别人的立场去想，并从对方的观点去看事情，将成为你一生事业成功的一个关键。

要说服对方赞同你的观点，就必须与说服对象站在一起，两者的关系越融洽，说服就越容易取得成功，这是因为人类有一个共同的天性，即喜欢听"自己人"说的话。美国纽约市立大学的心理学家哈斯也说过："一个酿酒专家也许能给你许多理由为什么某一种牌子的啤酒比另一种牌子的要好。但如果你的朋友，不管他对啤酒是否在行，教你选购某种啤酒，你很可能听取他的。"

此外，在具体行动上，甚至是些很微不足道的方面，表现出与你的听众的亲近感与认同感，往往会使你得到巨大的感情回报和共鸣。而一旦建立了这种感情共鸣，不需要任何苦口婆心的劝诫与说服，就可以达到你预期的目的。

寻找相似性因素，让感情升温

一个女人不可能同生活中遇到的每个人成为朋友，但是如果她的生活中完全没有伙伴，也是一件可怕的事情。你可以不去期待朋友能帮你出气或者干掉谁，但是一定希望在某个需要宣泄的时候有朋友陪在身旁。

在美国，有人做了一个实验。他招募了一些互不相识的大学生做被试者，要求他们定期接受询问，并为他们免费提供食宿。实验前先测定他们关于政治、经济、审美和社会福利方面的态度，以及他们的人格特征。以此为依据，在宿舍里安排一半态度相似的学生，另外宿舍里安排一半态度不相似的学生。在实验中，主试者很少去干扰他们。通过定期询问发现，开始时，邻近性吸引的作用比较明显，后来态度相似性吸引的作用越来越大，只要对方的态度和自己的相似，哪怕在别的方面有缺点，也会对自己产生很大的吸引力。

相互吸引的一个重要条件就是相似性。在欢迎新同事的聚会上，当你与一位同事交谈之后发现你们在电视、文学、球赛甚至烟酒等方面的态度存在惊人的相似时，你们是否有一种相见恨晚的感觉？一般来说，对方的观点与你的观点越接近，你就越喜欢这个人。

相似既有内部倾向性方面的，如态度、信念、兴趣、爱好、价值观等；也有外部的身份特征方面的，如年龄、性别、学历、经历、阶层、民族、宗教、行业、国籍等。在现实生活中，行为动机、立场观点、处事态度、个人嗜好一致的人就比较容易建立亲密的人际关系。在许多相类似的条件中，态度特征、对象身份、社会背景和文化程度的相似性是最重要的影响因素。

阿伦森是这样解释这种现象的：一是与我们观点相同的人使我们的观点得到了一种社会性的证实，使我们产生了"我们是正确的"这种感觉，这是一种酬赏，因此我们喜欢与自己意见一致的人。二是某人在某个问题上与我们不一致，我们很可能推论说，此人个性不好，而不是我们错了，因为我们认为这个人对那一问题的意见表明他是我们过去曾见过的那种令人不愉快的、不道德的蠢人。但是，如果某人放弃了原来的观点转而支持我们的立场，我们就会更加喜欢这个人。阿伦森认为，人们在诱使某人改变观点时，感到自己是有能力的，从而克服了因为此人最初持有某种"可怕"的观点而不喜欢他的倾向。西格尔也有实验说明了这样的观点，如果一个问题对人们来说十分重要，那么要是他能使一个"反对者"改变意见而和自己的观点一致，他宁愿要那个"反对者"而不要一个"同意者"。也就是说，人们喜爱改变观点者甚于喜爱一向忠实于自己观点的人。

那么，人为什么会喜欢与和自己相似的人交往呢？

首先，人们与和自己持有相似观点的人交往时，能够得到对方的肯定，便会增加"自我正确"的安心感。他们之间发生争辩的机会较少，容易获得对方的支持，很少会受到伤害，比较容易有安全感。

其次，相似的人容易组成一个群体。人们试图通过建立相似性的群体，以增强对外界反应的能力，保证反应的正确性。人在一个与自己相似的团体中活动，阻力会比较小，活动更容易进行。

和相似的人相处，还有一个颇为有趣的事实是，我们会因为喜欢某人而夸大和他之间的相似程度，从而喜欢他；如果不喜欢某人，则会夸大两人之间的区别性，从而不喜欢他。其结果是，我们喜欢的人最终被认为是和我们极端相似的人，而我们不喜欢的人则被认为与我们极端不相似，这也是一般人寻找朋友的原则。

女性朋友们，如果你想迅速与他人拉近心理距离，不妨找到你们之间的相似点作为突破口，你和他的关系会取得意想不到的效果。

巧妙化解别人的嫉妒心理

嫉妒像一条虫，蛀蚀和毁害着人们的灵魂。芸芸众生中，总有那么一些人技不如人，却对别人的成绩嗤之以鼻，"妒人之能，幸人之失"，上演了一场场丑陋的嫉妒闹剧。在现实生活中，因为别人评上了比自己高的职称而指桑骂槐，因为某人得到领导的厚爱而愤愤不平，因为别人的生活条件比自己好而郁郁寡欢的也大有人在，给本已不太平静的生活平添了几多烦恼。

许多女人追求完美的性格，这决定了她们总是刻意将自己装点得十分完美，那就可以想象在你背后，有多少嫉妒的利箭正蓄势待发，你的完美已将你置于十分危险的境地。真正聪明的人会选择给别人的嫉妒心留下点余地，有意识地让别人在无关紧要的事情上占上风。

拿破仑曾经说："有才能往往比没有才能更有危险，人们不可能避免遇到轻蔑，却更难不变成嫉妒的对象。"真正聪明的人懂得以低姿态为自己筑起一座防止嫉妒的有效堤防，不让自己惹火上身。

古人云："木秀于林，风必摧之。"就一般中国人而言，总是愿意大家彼此差不多，你好我也好，否则就会是"枪打出头鸟"。在日常工作中，因为有特殊才能或特殊贡献而冒尖的人，往往容易成为受打击的对象。谁在哪一方面出人头地，便会受到人们的攻击、嘲讽、指责；更有甚者，由于嫉妒心重还可能给你使绊子，让你生活在一种无形的压力之下，时时处处都有障碍，让你人做不好，事干不成。如果我们不能有效化解别人对自己的嫉妒，很可能会在不知不觉中失去本该属于自己的天空。

一旦你发现别人对你有嫉妒心理时，你可以采取以下几种方法化解：

1. 向对方表露自己的不幸或难言之痛

当一个人获得成功的时候，有人却可能因此感到自己是个失败者、是不幸的，这构成了嫉妒心理产生的基本条件。此时，你若向嫉妒者吐露自己往昔的不幸或目前的窘境，就会缩小双方的差距，并且让对方的注意力从嫉妒中转移出来。同时还会使对方感受到你的谦虚，减弱了对方因你的成功而产生的恐惧，从而使其心理渐趋平衡。

2. 求助于嫉妒者

一方面，在那些与自己并无重大利害关系的事情上故意退让或认输，以此显示自己也有无能之处；另一方面，在对方擅长的事情上求助于他，以此提高对方的自信心和成就感，并让对方感到：你的成功对他并不是一种威胁。

3. 赞扬嫉妒者身上的优点

你的成功使嫉妒者身上的优点和长处黯然失色，于是，一种自卑感在其内心油然而生，以至于自惭形秽，这是嫉妒心理产生并且恶性发展的又一条件。因此，你适时适度地赞扬嫉妒者身上的优点，就容易使他产生心理上的平衡，感受到"人各有其能，我又何必嫉妒他人呢"。当然，你对嫉妒者的赞扬必须实事求是，态度要真诚，否则，他会觉得你是在幸灾乐祸地挖苦他，结果不但达不到消除其对自己嫉妒的目的，还可能挑起新的战火。

4. 主动出击，相互接近

嫉妒常常产生于相互缺乏帮助，彼此又缺少较深感情的人中间。大凡嫉妒心强的人，社交范围很小，视野也不开阔，只做"井底之蛙"，不知天外有天。这种人只有投入到人际关系的海洋里，才能钝化自私、狭隘的嫉妒心理，增加容纳他人、理解他人的能力。因此，相互主动接近，多加帮助和协作，增进双方的感情，就会逐渐消除嫉妒。傲慢不逊的大人物是最容易令人嫉妒的，试想，如果一个大人物能利用自己的优越地位，来维护其下属的利益，那么他就能为自己筑起一道防止嫉妒的有效堤坝。

5. 让嫉妒者与你分享欢乐

"独乐乐，与人乐乐，孰乐？"在取得成功和获得荣誉的时候，你不要冷落了大家，更不要居功自傲，自以为是。你可以真诚地邀请大家（包括嫉妒你的人）一起来分享你的欢乐和荣誉，这样有助于消除危害彼此关系的紧张空气。当然，如果嫉妒者拒绝你的善意，则不必勉强他，顺其自然即可。

总之，"退一步海阔天空"，以低姿态化解别人对你的嫉妒，不仅是一种灵活，更是一种内涵和宽容，它可以消融人和人之间的壁垒，让你的成就在嫉妒的布景中得到映衬。能引起别人的嫉妒，说明了你的才华；能有效地化解这种嫉妒，则说明了你的聪明和美德。

女性朋友们应该牢记，让你获得成功与快乐的永远不是你的"完美"，而是你的成熟与智慧。

增进亲密感的 6 个秘密法则

在人际交往中，若你与对方有共同的目标，则很容易就能增加彼此之间的亲密感。除了设定共同目标能增强亲密感之外，还有其他一些增强亲密感的技巧。

1. 与人初次相见，坐在他的旁边较易进入状态

相信每个人都有过这样的经验，那就是与人面对面谈话时，往往会特别紧张。因为人与人一旦面对面，眼睛的视线难免会碰在一起，容易造成彼此间的紧张感。

相反的，与人肩并肩谈话，在精神上绝对比面对面谈话要来得轻松。因此与人初次相见，坐在他的旁边往往较容易进入状态。这一点同样适用于与异性约会的时候。

2. 若与对方有共同点，就算再细微也要强调

"你家住哪儿……喔，那个地方我以前常去，附近是不是有一家卖香烟的杂货店？"像这样，只要是可以拉近彼此距离的话题，就算再细微也要强调。

因为人与人之间一旦有了共同点，就可以很快地消除彼此

间的陌生感，产生亲近的感觉。这样不但可以使对方感到轻松，同时也具有使对方说出真心话的作用。事实上，我们每个人都具有这样的心理。

例如两个陌生人一旦发现彼此竟然曾就读于同一所小学，顷刻间就会产生"自己人"的感觉，会立刻打成一片。

因而，与人交往时，找到一些共同点强调一下，往往会收到意想不到的效果。

3. 闲聊自己曾经失败的事比谈自己成功的事，更易拉近彼此间的距离

人们在一起的时候，常会聊一些话题来拉近彼此间的距离。此时若谈自己曾经失败过的事，会比谈自己成功的事，更容易起到拉近距离的作用。因为老是炫耀自己成功的事情，容易让人产生反感，而给人留下不好的印象。

4. 把与自己关系密切的人名，写在电话记事簿的首页，会让他欣喜万分

当你到一位交往很久的同事家做客，你们尽兴地谈完准备回家的时候，他对你说："这些文件待会儿再送到您家。"说完他顺手打开电话记事簿，准备确认你的电话号码与住址。突然间你发现，你的名字竟然被写在第一位，老实说，你当时一定会非常高兴！

每个人对"自己"都非常敏感，因此一旦发现自己受到与众不同的待遇时，不是感到非常兴奋就是感到非常愤怒！

如果把与自己关系密切的人名写在备忘录的首页，往往可

以让对方感到高兴，从而收到意想不到的效果。

5.尽量制造与对方身体接触的机会，可以缩短彼此间的心理距离

事实上，每个人都拥有一个无形的"自我保护圈"，除非是非常亲密的人，否则不容易侵入这个范围。

但反过来说，若对方已经侵入了这个圈内，则往往就会产生对方和自己关系亲密的错觉。人与人之间有了直接的接触，彼此间的距离会一下子缩短许多。

因此，若想在短时间内缩短与初识者间的距离，最简单的方法就是尽可能地制造与对方身体接触的机会。

6.每次见面都找对方的一个优点赞美，是拉近彼此间距离的好方法

有一家商店生意非常兴隆，原因就在于他们店里的每一位店员，都不断地与购物的人聊天。他们除了会向客人打招呼之外，还不断地找客人的优点来夸赞。例如，他们会向一位太太表示"您这件衣服很漂亮"，然后向另一位太太表示"您的发型很好看"。

他们虽然不断地赞美别人，却不是虚与委蛇地应酬，而是按每一位客人不同的个

性，选择适当的赞美词。因此很自然的，在这些客人的潜意识中，就会产生到这家商店购物就可以受到赞美的心理，因而越来越喜欢到这家商店购物。

如果我们每次和人见面都受到夸赞，自然而然地会想再见到这位赞美我们的人，这是每个人都会有的心理。因此每次见面都找出对方的一个优点来赞美，可以很快地拉近彼此间的距离。

让出主角的位置

这个社会中，许多女人喜欢出风头，受众人瞩目会让自己有一种当女王的错觉，其实，要想在社交中赢得好人缘，不妨悄悄让出主角的位置，心甘情愿为别人当配角。在你让出主角的位置时，别人会为你的这种精神而感动，从而会为你赢得更多人的信赖。

一个研究所的副所长，负责一个课题的研究，由于行政事务繁多，他没有把全部精力放在课题的研究上。他的助手通过辛勤努力把研究成果做了出来，使这个课题得到了有关方面的认可，赢得了很大的荣誉。

报纸、电视台的记者都争相采访那位副所长，但是他拒绝了，并对记者们说："这项研究的成功是我助手的功劳，荣誉应该属于他。"记者们听了，为他的诚实和美德所感动，在报道助手的同时，还特别把副所长坦荡的胸怀和言语都写了出来，这个副所长也获得了很好的评价和荣誉。

关键时刻，甘于当配角往往被视为一种奉献精神，一个处处争当主角的人，会让人觉得不够成熟，虚荣轻浮。

社会竞争日趋激烈，一个人要想立于不败之地，就要有"敢为天下先"的勇气和魄力，但同时也需要有"退一步海阔天空"的韧劲和智谋。人在竞争过程中，一方面是和事进行挑战，另一方面则是和他人进行协作，做事容易，做人就比较难了，这需要我们能屈能伸，更需要我们清楚何时屈、何时伸。

其实生活中有很多情况要求我们甘当配角。比如，你刚从事一份工作时，你要有足够的心理准备去做好配角，这是一种谦虚的态度，一种合作的态度。只有当好配角，才能从主角那里学到许多东西，也才能让主角尽心地传授知识。如果你一上来就猛打猛冲，凡事都抢着干，别人就会对你抱有戒心，怕你抢了他的饭碗。

作为一个新手，我们要甘当配角，以求充实自己；而作为一个老手，也要乐于当配角，让新手们能有机会得到锻炼。另外，在工作中遇到大家都能做的事，不要抢着去表现，因为即使你做成了，别人也不一定会夸奖你，而且容易引起矛盾。当有些事别人做不了时，你可以勇敢地争做主角，好好地表现一下，这才能显出你的英雄本色。处处喜欢抛头露面的人往往容易成为众矢之的，而那些平时踏实肯干，默默无闻，在关键时候一鸣惊人的人，才是最具竞争力的。在生活中，要学着做"黑马"，而不要抢做"出头鸟"。

对于名利之争，少去参与为好，以免落得个"虽有能耐，但是个势利之人"的骂名。能在名利问题上甘当配角，此种人必有远见，必能成大事。钱钟书先生之所以有很高的声望，一方面是因为学识渊博，另一方面则是因为他淡泊名利。用他的话来讲：一辈子姓钱，还在乎钱吗？

当然，关键时候要争做主角，但争当主角不能凭一时的冲动，而要有充分的心理准备。首先，要估计自己的能力，要对自己有充足的信心，这种自信不能是盲目的。其次，要能处理好各种因当主角带来的复杂矛盾，也就是各种人际关系。最后还要考虑到各种不测和意外，做好担当相应责任的准备。

"木秀于林，风必摧之"，事事争强好胜并不是强者本色，藏锋露拙、韬光养晦才能更快到达成功的彼岸。"该低头时就低头"，并不是为了达到目的而屈尊求辱，而是一种处世智慧，这也是女性在竞争激烈的职场之中获得更大生存空间的秘诀之一。

第六章
负面的人际关系，
尽快断舍离

交际要学薛宝钗

　　但凡读过《红楼梦》的人，无不为黛玉、宝钗两人的才情所打动。这两个人都各有优点，但却很少有读者真心喜欢宝钗这个人物，大都觉得此人太过持重圆滑、工于心计。但就为人处世来讲，宝钗的"人缘学"却是值得女人学习揣摩的，因为人际交往不能缺少一些圆滑和心计。

　　宝钗人缘好的原因是关心人及体贴人。袭人因身上不爽，请湘云帮忙为宝玉做双鞋，宝钗知道湘云的难处，于是主动将活揽了过来。她生日那天，贾母问她爱听何戏，爱吃何物，"宝钗深知贾母年老人，喜热闹戏文，爱吃甜烂之食，便总依贾母往日素喜者说了出来，贾母更加喜悦。"

　　黛玉谈起自己的病情相当悲观，宝钗不仅要她换个高明医生，而且有鼻有眼地指出她药方有问题，提出改进意见："昨儿我看你那药方上，人参、肉桂觉得太多了。虽说益气补神，也不宜太热。依我说，先以平肝健胃为要，肝火一平，不能克土，胃气无病，饮食就可以养人了。每日早起拿上等燕窝一两，冰糖五钱，用银铫子熬出粥来，若吃惯了比药还强，是滋阴补气的。"

　　她还真诚地说："你放心，我在这里一日，便与你消遣一日，你有什么委屈烦难，只管告诉我，我能解的，自然替你解一日。"因而黛玉亦认为自己往日对宝钗是以小人之心度君子之腹了。

即使是对待下人，宝钗也一向是宽厚的。香菱在她家中是侍妾的地位，而她却视她为手足，不仅生活优遇她，而且还为她排难解忧。即使是对下人，她待他们都彬彬有礼，不对谁特别好，也不冷淡任何一个不得意之人。

当凤姐患病，探春奉命当家，王夫人命她协助。探春决定了把大观园中的花果生产交给几个老婆子掌管，宝钗就接着提出一种调剂性的主张：凡经管生产收入，除供应头油香粉外，其余盈余不必再行交到账房，作为经管人的贴补，而且应当也分些给其他的婆子媳妇们。这样，公家省了钱，又不显得太吝啬。其他未经手的人得到利益，也便不会抱怨或暗中破坏别人。于是，各方面都欢喜叹服。

宝钗的处世哲学中体现了尊重他人、乐于助人、待人以诚等美德，无怪乎她在贾府赢得了上上下下一干人等的欢迎。她的成功也告诉我们，好人缘是需要付出的，真心的付出必将收获真情的回报。

好人缘的力量是神奇的。在交际场合，长袖善舞的女性也许并不貌若天仙，但好人缘使她具有专属自己的独特吸引力，令她得到每一个人的欢迎和欣赏。她们如翩然起舞的蝴蝶，在人生的各种角色间轻松游走，好人缘让她们不断收获成功和幸福。

在家庭里，她们会向亲人倾吐自己的欢乐和忧伤，也会及时送上自己的温情与慰藉；在职场里，她们会和同事们亲切地交谈，真诚合作，也会为别人的成功，献上自己最真诚的祝福；在上下班的路上，她们会向熟人热情问候；在朋友生日宴会上，她们会道上一声真诚的祝福。

她们无时无刻不把与他人联系当作是一种极大的欢乐，懂得尊重别人。人缘就像山谷的回音，如果你付出了真诚，回应的也是诚挚之声。与人为善、尊重他人也就是与己为善、尊重自己。

她们拥有容人之量。人事纠缠，盘根错节，矛盾和摩擦都是无法避免的。小肚鸡肠者终日耿耿于怀，无法解脱；而宽容之人都能一笑而过，大度处之。

她们最有人情味。关心他人、爱护他人、理解他人，在别人最困难的时候伸出友谊之手，"雪中送炭"，排忧解难。

她们待人以诚。在处理人际关系时，总是真心实意，心口如一，从不藏奸耍滑，戴上虚情假意的面具。她们总是光明磊落，胸怀坦荡。

好人缘，给女人一片展现自我的天空。与人交往使女性不再孤独，获得理解、尊重、认可让女人生活得更有滋味。

好人缘，让女人的心田得到情感的滋润。常与人交往和分享，快乐更显生动，烦恼和忧伤不会久驻，心中永远是朗朗晴空，徐徐清风。

好人缘，为女人搭建成功的桥梁。"多个朋友多条路"，有好人缘的女人不会缺少成功的机会。好人缘，让幸福女人的人生更加精彩！

不要忽视"小人物"

在积极寻找身边的"贵人"、寻求"贵人"帮助的同时，也不可忽视身边"小人物"的作用，有"心计"的女人深谙此理。一些看似无足轻重的人物，在关键时刻，也许能帮上大忙，也有可能拦住你前进的去路。常言道"三十年河东，三十年河西"，今天的小人物难保日后不会时来运转，成为炙手可热的红人。

清朝雍正皇帝在位时，按察使王士俊被派到河东做官，正要离开京城时，大学士张廷玉把一个很强壮的用人推荐给他。到任后，此人办事很老练、谨慎，时间一长，王士俊很看重他，把他当作心腹使用。

王士俊任期满后准备回京城。这个用人忽然要求告辞离去。王士俊非常奇怪，问他为什么要这样做。那人回答："我是皇上的侍卫某某。皇上叫我跟着您，您几年来做官，没有什么大差错。我先行一步回京城去禀报皇上，替您先说几句好话。"王士俊听后吓坏了，好多天一想到这件事就两腿发抖。幸亏自己没有亏待过这人，要是对他有不善之举，可能小命就保不住了。

这个例子告诉年轻的女人们，千万不可轻视身边的那些"小人物"，跟他们搞好关系非常重要。这些人平时不显山不露水，但是到了关键时刻，说不定就会成为左右大局、决定生死的"重磅炸弹"。

所以，平常无论是说话还是办事，一定要记住：把鲜花送给身边所有的人，包括你心目中的"小人物"。不要总是时时处处表现出高人一等的样子，要知道，再有能力的人也不可能把所有的事情都办好，再优秀的篮球运动员也不可能一个人赢得整场比赛。在经营管理中，人至关重要，有了人才能带来效益。俗话说："不走的路走三回，不用的人用三次。"说不定，有一天，你心目中的"小人物"会在某个关键时刻成为影响你的前程和命运的"大人物"。

常言道："深山藏虎豹，田野隐麒麟。"更何况一百个朋友不算多，冤家一个就不少，越是小河沟越可能会翻大船。在芸芸众生之间，有着无数能够在关键时刻助你成功的"贵人"，或陷你于困境的"小人"。所以，精于营造人脉的女人，要随时随地广泛交往，重视身边的"小人物"，多结善缘才行。

对于"小人物"一般不要轻易得罪，不要与他们发生正面冲突，要学会与"小人物"交朋友。俗话说，"多一个朋友多一条路"。不要用实用主义的观点去处理与"小人物"的关系，应记住：你平时花在"小人物"身上的精力、时间都是具有长远效益的。在不远的一天，也许就在明天，你将得到加倍的报答。

内向的女人如何步入交际圈

生活中有这样一类女人，她们文静有礼，却又十分敏感，宁愿固守在自己的世界里，不愿敞开心扉地交朋友，我们通常会说这类女人性格内向，不善交际。她们对人对事没有特殊的爱恋，只希望可以躲起来不必面对这个世界，早上常常赖床不起，每天工作后一回到家里，就如释重负。

放假的时候她们更是喜欢待在家里，哪里也不肯去，从不参加聚会。因为她们从心底害怕与人打交道，不自信，觉得自己处处都比不上别人。

因此，性格内向的女人时常感到孤独，朋友很少。她们也许有一两个知心朋友，但不像其他女人那样常常和朋友相约逛街、吃饭、参加集体活动。其实，性格内向的女人也向往能多几个好朋友，享受人生之乐。

梁雯就是这样一个内向的女人，从小就是家长眼中的乖孩子，放假在家一个人看书，不像别的同学那样结伴玩耍。毕业后，梁雯来到新的工作环境，由于性格内向，不善交际，不仅没有朋友，而且和同事之间产生了很多误会，内心十分不安，甚至感到迷惘和失望。梁雯来到心理咨询科，希望心理医生帮助她了解如何结识真正的朋友，建立融洽的人际关系。

无论是外向还是内向，既然来到社会上就不免要与人打交道。性格内向的女人也一样要在社会中竞争和生存，是什么因素造成了她们的性格内向，与人隔绝呢？

性格内向往往与家庭教育和家庭氛围有关。据研究调查，如果父母待人较为冷淡，他们的孩子多半性格内向，尤其是女人更为严重。由于家长不鼓励孩子去结交朋友，或参加任何课余活动，使她们很少获得社交技能。家庭教育里面如果奉行这样的方法，他们的孩子在踏入社会之前，生活圈子只限于学校及家里。在缺乏与人沟通的环境里成长的儿童，对于社交技巧一无所知，

那么踏入社会做事时，无意之中就会得罪人，从而招来别的反感，使他们从此不敢再尝试与人沟通，甚至完全退缩回自己的个人世界。

女性要摆脱内向，走出"内向小屋"，建立融洽的人际关系，就必须注重"参与"，即积极主动地参加社交活动和集体活动。因为社交和集体活动是最普遍的社会实践，在这些实践活动中，与他人的接触、交谈、合作，都可以增长见识、积累经验、提高胆量和信心，从而逐渐改变孤僻、内向的性格，缓解人际交往压力，提高社交活动能力，调和渴望融入人群与经验不足的心理矛盾。

当人全身心地投入到集体活动中时，朋友之间的友情、集体的温暖，会令人忘却生活中的烦恼、缓解不安全感和孤独感，这不仅有利于身心放松，更会因此建立情绪的良性循环，促进心理健康。总之，参加社交和集体活动，是促进和维护心理健康的重要途径，而心理健康又是克服内向孤僻、建立融洽人际关系的首要条件。

喜欢独处、害怕和陌生人打交道的女性，还要学会对周围环境的事物产生兴趣。比如：每天下班之后，不要着急回家，可以选择一个比较热闹的场所待一会儿，然后回家将自己所观察到的一切记录下来，目的是想让这类女性从自己狭小的个人世界里走出来，让自己投入到一些以前不敢置身的环境，并对这些环境做出详细的观察。过一段时间后，如果感觉对一些接触过而以前没有留意过的事物逐渐产生兴趣时，想逗留在外的愿望就会不断加强，那么和新鲜事物接触的能力也就会加强。

其实，内向和外向没有好坏优劣之分。内向型女人虽然思想较狭隘，容易产生自卑感，但通常遇事沉着、善于思考；外向型女人最大的长处是性格爽朗，遇事不会怯场，反应较快，缺点是只喜欢从兴趣出发，缺乏计划性和坚持性。内向型女人应该在充分发挥自己长处的基础上，扬长补短，自如地迈进交际圈，通过与人交往，更大地发挥自己的潜力。

分享，会让你收获更多的人情

无论是机会、利益还是其他各种人们都想得到的东西，你越吝啬，觊觎的人反而会越多，适当地分享既能保证你的利益，其他得利的人也会对你更加忠诚，而一旦你有需要时，你便能从他们那里得到更多。很多女人吝啬分享，害怕别人得利，自己便会失利。其实你选择了分享，就为自己又增加了一份人情。

金楠是一家外企的高级白领，由于公司规模很大，她所在的宣传部门就设立了两个办公室。金楠的办公室在6层的最里边，十分隐蔽，而且透过窗子可以眺望不远处公园的美丽风光。因此，公司的许多同事都喜欢聚在她的办公室聊天，哪怕只是临窗看看公园，也能驱散些工作的劳累。因此，金楠的办公室在休息时间总是有许多人，大家坐在一块儿互相交流工作心得、谈谈公司规章的缺陷，而公司的一些管理者也都愿意来到金楠的办公室与大家一起交流。

金楠却私下总是抱怨太多的人在她的办公室，她的工作都被影响了。于是，她就在办公室门的把手那儿挂了一个牌子，上面写着"工作中"。这样，金楠就可以一个人安静地工作了，窗外那一大片美丽的风景也独属于她自己了。

开始时，一些同事还是三五成群地在休息时间到她的办公室串门，但是，金楠总是以她在工作为由，说自己没时间休息。后来，同事不再来她的办公室，即使来办公室，也只是因为工作的关系。一段时间后，金楠成了公司内的孤家寡人，同事们都不愿和她交流，工作中出现问题时，同事们也不再热心地帮助她。再后来，由于公司的经营出现了一些问题，不得不裁减人员，裁减人员名单上的第一个人就是金楠。

由于吝啬与同事分享办公室的美景，金楠失去了一份令人艳羡的工作。吝啬是一种极端自私的表现。任何人都有自私的一面，不为自己打算的人很少，然而在人际交往中，要做到公私兼顾并不困难。所谓礼尚往来，来而不往非礼也。人敬你一分，你回敬三分，这当然好，回敬一分，也不为过。如果总想让人敬你，而你不回敬别人，这就会得到"吝啬"的评价。吝啬的毛病在女人的身上表现得非常突出。

仔细想想，我们是否也有这种毛病呢？小时候有好玩的玩具，我们只是自己玩；有了好吃的，自己偷偷藏起来；上学时别人借笔记，我们却拒绝；买了一件漂亮的衣服穿给朋友看，朋友也想买一件我们却谎称卖完了；老板给了我们一个"肥差"，我们却拒绝别人的帮忙，想要自己独立完成……

分享是为了以后的得到。所谓"拿人手短，吃人嘴软"，乐于拿出自己的东西与人分享的人，人缘总不会太坏。人是社会性动物，没有谁能够独立生活。人与人之间少不了交往，我们也总有需要别人帮忙的时候。所以，不要吝啬分享你的东西，有时只是一杯小小的可乐，都可以让你拥有一个朋友。

所以，女人的目光不要太短浅，心胸不要太狭窄。学会分享，其实是一项"长远投资"，有利于提升我们的形象，有利于改善我们的生存环境，有利于我们在社会中更好地立足并发展。

储蓄友情，女人一辈子的功课

友谊是不可或缺的。如果没有友情，生活将缺少悦耳的和音。在没有友情的人群中生活，那种苦闷不言而喻。心灵犹如一片荒漠，而友谊却如甘露，可令沙漠生出绿洲。纪伯伦说过："你的朋友能满足你的需要。你的朋友是你的土地，你怀着爱而播种、收获，就会从中得到粮食、柴草。"

美国作家爱默生曾说："友谊是人生的调味品，也是人生的止痛药。"如果友谊一旦破坏了，就再也不能使它恢复。所以我们一定要重视友谊，珍惜眼前人。而如何"利用"好你的朋友则是友谊长久的一个关键因素，因为友谊虽说不是利益的结合，但相互的需要与帮助却是维系友谊的枢纽。

储蓄友情，是我们一辈子的功课。对于女人来说，如何为自己储蓄丰厚的友情呢？得做到这六个"不"。

1. 不斤斤计较

友谊是一种给予与奉献的并连体，它应该是无私的。朋友相处斤斤计较，恐怕吃亏，在荣誉面前你争我夺、互不相让，这种有利必争、有荣誉不让、有责任便推的人，是很难结交真正的朋友的。

2. 不苛求于人

对人过于精明、过于苛求，是很难交到一位知心朋友的。对朋友身上的不足和缺憾，我们应该抱着宽容为怀的态度，真诚地互相理解、互相支持、互相帮助，取长补短，共同前进。

3. 不虚伪嫉妒

在友谊的交往中，再没有比虚伪和嫉妒更可憎可恶的了。有的女性明明知道朋友有缺点、有错误，却还一味恭维吹捧，名曰维护团结；朋友有了成就，有了进步，并超过自己，便妒火升腾，处处设防；在情场上，也往往喜欢争风吃醋，闹得不可开交。这样的人，只会使朋友渐渐远离。

4. 不亲疏分级

现实生活中的有些女性交友完全是实用主义，以亲疏分等次，以尊卑论级别。凡对我有利者，则热情相待、交往甚密；对我无利者，则冷眼相待、旁若路人；对有地位、有权势的朋友，笑容可掬、十分巴结；对一般同事朋友，则态度较冷。作为有修养、有素质的年轻女性，我们对这种庸俗的实用主义的交友观应予以唾弃和指责。

5. 不要言而无信

女性在交际中应讲求诚信。说话算数，说到做到，这是交友的基本准则。在现实生活中，把承诺视为儿戏，言而无信的女性永远也不会得到真正的朋友。

6. 不要不拘小节

对待朋友不拘小节，是一种很不好的习惯。有些女性向朋友借钱，自以为数额不大，便久借不还；有些人去朋友家做客赴宴，总是盯着几盘好菜不放，嘴里还念念有词，"好吃，好吃"；有些人与别人交谈总喜欢打岔争辩，不甘示弱，如此等等。这种不拘小节的不良习惯，不仅会损害自己的社交形象，久而久之，还会使人感到厌恶。

写给女人的交际圣经

女人作为社会中的一员，肯定少不了与其他人交往。但交往并不是我们表面上看到的，仅仅是双方相互通通话而已，它应该包含更深一层的含义，那就是在双方之间建立一份良好的友谊。而在现实生活中，如何进行交际是有许多技巧和经验可循的。那么作为一个现代女性，怎样才能广结人脉，拓展自己的生活空间呢？

第一，要确立目标。

一定要为你的人脉系统确定一个关键目标，不能漫无目的地到处寻找。你的目标定得越具体，你的关系网就越容易被联结起来。所以，一定要将你的愿望确立为一个可以用语言形容出来，并可以达到的目标。当你向这个目标前进时，你所走的路与旁人的路产生交错，才会产生交际，也才会有机会交到对自己有实际帮助的朋友，于是成功的机会才会接近你。

第二，要积极参加各种活动。

每项活动都会为你提供扩大社交圈的机会。你可事先思考一下，你希望认识哪些人，然后收集一些可以参与到和这些人交谈的信息。只有多参与各种活动，才有可能随时把自己推销出去；同时还能获得同行的知识与经验，使自己成功的脚步更稳健、更扎实。

第三，把你的愿望告诉别人。

不管你是在找一份新工作还是想买一台便宜的电脑，只要你并不知道谁能够帮助你，自我广告就可能会派上用场。将你的愿望告诉你所有碰巧遇到的人，通过自己的口头广告肯定会让你受益匪浅。

第四，积极利用各种集会时间。

活动前、讲座休息时或者是在午餐时，你都不要置身事外。你可以充分利用这些时间，结交你的同事以及你身边不熟悉的人。因为事业的成功也可以是在下班时间取得的。

而对于女性来说，拓展人脉、处世交友还有一套"女性专属"的柔性交际法。"柔"的心灵、"柔"的微笑、"柔"的语言，让众人看到你最有"温柔女人味"的一面。

1. 微笑

据说，人在笑的时候，要使用 13 块面部肌肉，而在皱眉蹙额时，则要使用 47 块面部肌肉。正因为如此，所以人在笑的时候快乐而且自然。整日愁眉苦脸的人忽略了自己最有魅力的地方：微笑。它好比是投向水面的小石块，能不断地增加和扩大亲切友好的涟漪。

对于其他人锐利的目光，也应报以微笑。对于生性乖僻、腼腆的人，我们若能笑脸相迎，对方紧绷着的脸就会很快地松弛下来，并露出笑容，相互间的隔阂就会消除。

2. 赞扬

有一种说法一直颇为流行，"赞扬能驱散心中的恐惧，给逆境中的人带来自信和力量，让紧张的神经得到放松，让原本柔弱的身躯变得强壮"。实验心理学对酬谢和处罚所做的研究也表明，受到赞扬后的行为，要比挨了训斥后的行为更为合理、更为有效。

3. 感谢

除了赞扬人，还有一点也很重要，那就是感谢人。旁人即便替你做了一件微不足道的小事，你也不要忘记说声"谢谢"。与此同时，你还应该不断地去发现值得感谢的东西。这种感谢，是对对方所做的事情和对对方人格的看重。所谓感谢，就是使用亲切的字眼，向对方表达自己的心情。感谢的话，光在心中想是不够的，而且还要表达出来——这一点十分重要。

4.倾听

有些女性因为很想让人觉得自己"有才气""理解能力强"，所以喜欢经常说俏皮话，结果却给人造成"不懂装懂""卖弄学问"和"只想谈论自己"等印象。你对别人的话若能做到侧耳倾听，连半句也不放过，那么别人则会对你产生好感。事实上，一个很懂得交际的人，他在听别人讲话时就越认真、越专注。所以那些讲起话来口若悬河、滔滔不绝的人，那些不管什么场合都想发表自己意见的人，那些等不到对方把话讲完就想做出回答的人，还是应该耐心聆听对方讲话，这样才能显得聪明。

理想的人际关系，是建立在相互交流思想的基础之上的。如果对于对方的希望、意见和感情缺乏了解，那么双方的意志就不可能达成统一。要了解对方，当然就得侧耳倾听。在直抒胸臆之前，先听听对方的话是很重要的。你如果不好好听对方讲话，而是夸夸其谈、喋喋不休，对方将会对你"敬而远之"。

专注地、耐心地侧耳倾听对方暴露自己的内心世界，就是了解对方的过程。通过这种侧耳倾听，你就能交上好朋友，你就能被人所钟爱，从而提高满足感和幸福感。侧耳倾听是最能使对方感到高兴的一种"赞语"，也是对对方自尊心的强化。

越较真，越令人讨厌

生活中不难见到像"小刺猬"一样的女性，伶牙俐齿，说话带刺儿，爱跟人较劲，一遇到不顺心的事就对人冷嘲热讽，不"戳"人痛处不罢休。这样的女性，怎么会得到他人的喜爱呢？

俗话说："良言一语三冬暖，恶语伤人六月寒。"人与人之间的交流应平等地进行，态度和蔼，善解人意，不能居高临下。人人都有自我保护的"本能"，都忌讳别人对自己挑三拣四。既然如此，我们在与人交往的时候，就得多加注意，不要轻易挑剔人家，尤其是千万不要强迫他人当面承认错误，就算他有不得不指出来的错误，也应该采取一些温和委婉的形式，巧妙地暗示他错在哪儿。比如，在刚开始交谈时就可以说："我有一个不太成熟的想法，请你帮我分析分析，看看可行不可行？"这样，对方会对你的话题产生好奇心，不知不觉地同你讨论起来。在讨论的过程中，你就可以借机"兜售"你的"想法"了。

当然，为了不引起对方的戒心，在开始交谈的时候，你还需要扯一些与主题无关的"家常话"，这是一个必要的"预热"过程。这可不是"弄景"，而是出于对对方的尊重。"景"是"假"的，但"假"戏一定要真做，这样才容易让对方接受你的劝告。

"人活脸，树活皮。"在试图改变别人态度的同时，女人们一定要注意维护对方的脸面，保护对方的尊严。毫不留情地指责、怀疑别人，等于伤害了对方的尊严，撕破了对方的脸面也等于宣布自己是不被对方欢迎的人。这样，即使你的意见再好再有用，也难以让它发挥出"效益"来。

如果是一些无关紧要、无伤大局的小错误，那就没有必要去点透、纠正它。这样做不仅是为了让自己避免不必要的烦恼和人事纠纷，而且也顾及了别人的尊严，不至于给别人带来无谓的烦恼。

第七章

宁可抱憾，绝不将就

爱不爱，看行动

　　女人在面对自己心仪的男人时，常常把对方的某些不寻常的行为当作是爱自己的表现。大多数时候，他可能的确对你有好感，表示喜欢你，但这离真正的爱还很远。聪明的女人一定要明白这一点，分清男人的喜欢和爱，不要在付出了自己的真心之后却换来离别的背影。

　　男女谈恋爱的时候，并不一定是真爱对方。有的人只是单纯想谈个恋爱而已，因为他们还没有碰到心目中的白马王子或白雪公主。所以，在周围人中适当地找一个先开始一段恋爱再说。你的恋人也有可能是这种情况。

　　那么，怎样才能知道对方到底是不是真的爱自己呢？很简单，那就是用行动说话。

　　秦岚是个 27 岁的未婚女性，最近因为男友的事情非常烦恼。她的男友是一位亲切的男性，是她的前辈。周围人都非常羡慕他们，觉得他们是模范恋人。但实际上，秦岚和她的男友相处的时候，感到幸福的时候并不多，更多的是感到不安和凄凉。

　　他经常以某些特殊的日子或事情为借口，把秦岚扔在一边，自己出门旅游。如果和秦岚的约会与朋友的聚会冲突，那么，他经常会毫不犹豫地选择去参加朋友们的聚会。他每次都会找一个貌似很合理的理由，比如公司处于非常时期所以没能陪秦岚过生日；之所以自己一个人去国外旅游，是因为不好意思给国外的亲戚添麻烦；取消和秦岚的约会，转头去参加朋友们的派对，是因为实在不能搞坏朋友们的兴致……他的理由一直都很有说服力，虽然秦岚坚信自己的男友非常爱自己，但是，也会偶尔想："我们这样下去没问题吗？"

最近，秦岚的朋友也开始谈恋爱。跟她不同，她朋友的男友总是把女友放在第一位。秦岚在比较之后，内心受到了沉重打击。但是，她仍然想，每个人的疼爱方式和情况都是不一样的，不能单纯地做比较。是不是自己太敏感了，在没事找事？

她说，她很爱自己的男友，还准备和他结婚。但是，她无法确定是否应该相信男友对她的爱。

如果一对恋人在街上逛街，女人说"那个包包真好看"，那么，一般男人就只会以为：自己的女朋友真的喜欢那个手提包。相比之下，稍微有点经验的男人就会猜想：女人说这话是什么意思？到底是要男人给她买下手提包，还是在考验男人的审美？另外，男人在恋爱的时候不像女人一样喜欢玩"爱情游戏"。男人在恋爱中的行动和表现，基本都代表了他的真心。像前面故事里所说的一对恋人，秦岚的男友其实是不够爱她的。如果男人真的因为不可控的原因放了女友鸽子，那么，男人肯定会非常急于用别的行动来弥补，并以此告诉女人自己依然爱着她。

如果你想检验自己的男友到底爱不爱自己，只要看看你的男友表现爱情的方式就可以了。看男人表现爱情的时候，是否只是在吹牛，而没有真正付诸实际行动。男人是属于"解决问题型"族群的，光靠嘴上说说对不起、我爱你之类的话，根本就不符合男人的本来作风。他没有信守诺言，就是他不太爱你的表现。

即使他是一个连手指头都不愿动弹的懒蛋也是一样的。至于你准备要与之结婚的那一位，如果你发现他对你的爱并不能算合格，那么还是尽早做出决断。要么制定一套战略让他更爱你，要么干脆找一个更爱你的男人。

面对爱情事故，只有不冲动才能不被动

对于一个妻子来说，丈夫出轨就像一场突如其来的爱情事故，让人措手不及。当它到来的时候，你要记住一点，因为愤怒和悲伤而失去理智是无济于事的，只有用理智来应对，唯有不冲动才能不被动，从而维护这座来之不易的感情城堡。

1. 保持低调

首先，面对老公的背叛，女人不能发火，当然，遇到这种事情，谁都会满腔怒火，可是，发火对于解决事情无济于事。你要仔细分析是什么导致了老公的背叛，是早就有图谋，还是一时意乱情迷,或者是你们的婚姻早就出现了危机,背叛不过是一种反抗。只有分析清楚了原因，才能够做出正确的选择。在分析原因之前，你不妨多从自己入手，保持低调，这对女人永远都只有好处而没有坏处。

2. 多反省自己

婚姻是两个人的事情，老公发生背叛，除了男人雄性激素的刺激之外，也许还有别的原因，你不妨找找自己的原因。

3. 单纯走开没有意义

不少骄傲的女人强烈反对男人的背叛，认为不管什么原因，男人的背叛都是不可原谅的错误。

一位女性朋友这样诉说她的经历：我跟他结婚三年了，前几天有个女的打电话打到家里来，她告诉我他们在一起。不知道为什么我一点都不恨她，我甚至跟她在电话里聊了好长时间，知道了他们是在歌厅认识的，已经两年了，知道她很爱他，因为她在电话里哭了。

我当时跟她说过些天我会走的，希望你好好对他，希望你幸福。我不知道为什么突然有这样的想法，也许我是在装大方。我感谢她告诉我这些，好像没有一点伤心，到最后她告诉我说她只是一厢情愿，说他不爱她，说他的心都在我这里，说是他跟她说的。

我不知道要不要相信。他回来后我问他有没有这回事，他默认了，我不哭不闹，直对着他笑，他知道我会走的，使劲地抱着我。

这位朋友就犯了过于单纯的毛病。男人出轨有很多种理由，

如果只是一时犯错，而他又爱你，并且在两者中选择了你，你也应该大度一些，同时，对是否分手应该好好处理。

爱情伴随着婚姻是分三个阶段的：过去、现在、未来。过去他是深爱你的，因为他对另一个女人说了；现在他是爱你的，他那么害怕失去你。所以，处于这种情况下，单纯的走开是没有意义的。

4. 不要轻易放手

男人偶然出现背叛，不要轻易放手。如果放手了，你的伤害将是一辈子的，因为你没有给他医治你的机会。或许你不随便放手，结果就会不一样。

解铃还须系铃人，离开是逃避，其实你离开了他，走出了他的视线，却永远无法淡忘过去。难道你希望自己的精神永远戴上沉重的枷锁？

面临背叛，你需要自我调整。

5. 多一些谅解

面对老公的背叛，最难以医治的其实是心灵的创伤。实际上，如果多一些谅解，完全可以将这个伤疤忘却。

王女士因为丈夫的背叛心痛不已。为此，两个人还一直分居。无意中，她喜欢上了另一名男子，但是那个男人已经结婚了，后来，她压抑不住内心的渴望向对方诉说了老公当年的背叛，也表明了自己对他的爱。但是对方却告诉她，他也曾经背叛过自己的妻子，不过，妻子原谅了他，所以，他决定一生都对妻子好。因此，他拒绝了她。

　　王女士的故事听起来令人有些意外。实际上，在现实生活中，完全有可能出现。老公出轨，从情理上说，很难原谅，但是现实中，原谅他反而可能是最好的选择。

男人的那些承诺不要太当真

　　热恋中的女人，对于男人的种种诺言都愿意当真，相信他所描绘的美丽图景，然后一心一意地满怀着这些期盼走进婚姻的殿堂。

　　往往，也就是这样的女人，受伤之后会大骂全天下的男人都是骗子，只是因为，男人的那些话她太当真。

　　对待男人的爱情要认真，对待男人的诺言最好不要太较真。

　　世间有三样东西不能轻易相信：男人的誓言、甜言蜜语及男人的理由。这年代谁要是还相信男人的承诺，那可真是笨死了！虽然说女人应该傻一点才幸福，可这只是聪明女人装傻给男人台阶下而已。事实上，真正聪明的女人绝不轻易在甜言蜜语中迷失方向。

　　有句话说："相信男人婚前的誓言，不如相信政客的谎言。"男人对女人的诺言，有时候只是一种敷衍。对于婚前男人所说的话不要太过于信赖，男人有一种天性，当他为了要和你在一起时，他会答应你提出的任何条件，即使你说要天上的月亮，他也会说马上摘给你。更不要相信信誓旦旦的男人，这样的男人最不可靠。有一个 28 岁的女人，婚前登记时男友答应她婚后两人共同做家务，绝不让她独揽家务。结果登记没几天他便成了"将军"，老婆成了他的"奴隶"，早就把他婚前说的体贴话抛到九霄云外了。
所以对男人所说的话如果做得到的一定让他履行自己的诺言，让
他以实际行动证明他是个说到做到的老公，而不是言而无信、不
负责任的人。

有个 26 岁的女人，结婚前她丈夫为了得到她，写情书、托
朋友，并在众朋友面前说他这女友和他是天造地设的一对，是他
的最佳拍档。结果婚后他以如下理由说她和自己性格不合：一是
她要他帮忙做些家务他说他成长在优越的家庭里，过惯了"衣来
伸手、饭来张口"的生活，埋怨她不理解他。二是她让他有空时
和她聊聊天，他说他是那种喜欢"此时无声胜有声"境界的人，
抱怨她烦着他。三是他工作特殊，平时已没什么时间陪她，妻子
很想他有时间时在家陪陪她，谁料他说：两情若是长久时，又岂
在朝朝暮暮，他甚至还抱怨她是浪费时间。其实他是那种只有自
己需要时才需要女人的男人，她嫁了个这样不近人情的丈夫，周
围的人也替她难过。

从很久很久以前开始，男人就在结婚前骗女人说："结婚
后不会让你做一点家务活。"或"结婚后，我一定什么都听你的。"
可是，能遵守这一诺言的男人，恐怕连万分之一都不到。女人之
间聊天的时候虽然口口声声说，"谁会相信那种谎言"，但是，
当女人真的听到这些话时都会感到很开心。至少男人在说这句话
的那一瞬间是真心的。

难道所有的男人都是拿这些话来骗女人的吗？应该不是。
有些男人在说这些话的时候可能完全是出于真心的，但人的心境和

身处的状况随时都在发生变化，所以有时候真的是无法遵守自己的诺言，更何况更多的男人在向女人承诺的时候根本没有经过大脑。

因此，轻易相信男人口头许下的诺言，期待它们都能实现，这种想法本身就靠不住。男人口中那些天花乱坠的婚前誓言，可信则信，不可信的，一笑而过就好。

不要把爱情当作寂寞的填充物

刚分手的女人——特别是被抛弃的女人，很容易失去生活的重心，甚至找不到自己。这时如果有哪个男人靠过来求爱献殷勤，她便很容易投怀送抱了：一来找回了自信，证明自己没那么差；二来可以填满那些该死的无聊时间。其实这种感情就像落水后碰上的救生圈，为了活命而抓得很紧，等回到岸上就会把救生圈丢到一边了，结果不但伤害了救你的那个人，自己也没得到一段圆满的爱情，真可谓损人不利己！

溺水的时候，有人抛救生圈给你，你一定高兴疯了，管救生圈是新是旧、是美是丑，能救命就好，一股脑地扑上去，狠狠抓住。生活里难免有失望的时候，有些年轻女人习惯把爱情当作救生圈，以为抓到了爱情，就可以把自己拉出泥沼。然而，抓住爱情并不一定会让生活变好，有时反而会越陷越深，有首歌这样写道："我一个人不孤单，想一个人才孤单。"

寂寞难耐的时候去酒吧可能很容易找到"寂寞相投"的人，一群人疯狂起来能把寂寞赶跑。但酒吧里认识的男人，就不要留电话号码了，并不是去酒吧的人都不好，只是那里的人都太寂寞，很可能是披着羊皮的狼。

寂寞的时候，不要总想着找男人来陪你，该找的是朋友、家人甚至信仰，把自己内在的空虚填充起来，一个人也能过得开心自在。如果爱情来了，坦然接受，爱情没来，就照样一个人逛街、穿漂亮衣服，千万别随手抓个救生圈，也别傻傻地去当别人的救生圈。

子璇是一家大公司的白领，一向生活得光鲜靓丽。收入不菲，想要的东西都可以自己买，下班约朋友吃个饭，晚上听听音乐，看看电影，做个面膜，周末和朋友一起逛街、跳舞、爬爬山，生活过得有滋有味。虽然没有合适的男朋友，但子璇对目前的生活挺满意。

不清楚具体从什么时候开始，朋友们都变得忙了起来：晚上约人出来吃饭吧，人家要陪自己的男朋友或老公，周末搞个朋友聚会吧，姐妹们都忙着享受自己的二人世界，渐渐地，子璇想找个一起逛街的人都困难了。刚开始，子璇对朋友们的"重色轻友"表示不屑："哼，一群小女人！"可一个人待得时间长了，子璇再也开心不起来了。姐妹们七嘴八舌，都劝子璇快快找个人嫁了吧，晚了就没好的了。再加上父母也苦口婆心地告诫她，过了30就成"老姑娘"了。

子璇可以当朋友和父母的话为耳旁风，可她挡不住一日胜似一日的寂寞。终于子璇接受了一个追求了她几个月的同事张辰，虽然并不是子璇理想的对象，但感觉人挺踏实可靠的。恋爱不久，他们结婚了，子璇也结束了自己寂寞的单身日子。

　　然而，婚后甜蜜的日子没多久，两人的婚姻就出现了问题。张辰看不惯子璇的小资做派，子璇也不能忍受张辰的刻板乏味。最终这场婚姻草草收场，带给两人的都是无奈和疲惫……

　　就算再怎么孤单寂寞，也千万不要把恋爱和婚姻当作摆脱寂寞的手段。没必要因为寂寞就降低标准，随手抓一个男人。爱情不是两个人打发无聊时间的选择，寂寞的时候你只需要有人跟你聊天，跟你娱乐，而不是去爱人。因为寂寞而爱错人，可能会寂寞一辈子，所以，为了以后的幸福生活，从今天开始使尽浑身解数，把寂寞赶出你的生活吧！

　　当然，你不能坐等寂寞把你吞掉，该采取措施。有没有试过跟自己谈心？很孤独的时候，把自己关在屋子里，用中等的音量和自己讲话，把自己的困惑、渴望和郁闷都告诉自己。

对方的爱不是理所当然

　　在很多人的眼里，爱是崇高、无私的，它就像春天的花草般芳香，夏天的灼日般热烈，秋天的硕果般甘甜，冬天的白雪般纯净，不能带有丝毫的杂质。他们总是觉得爱是需要绝对的奉献和牺牲的，是一种彻底的情感交流，是双方彼此交融在一起，成为不分彼此的共同体。这种想法是错误的，爱不是一个共同体，而是两个独立的个体，它是对等的，需要双方共同经营。虽然彼此间的付出是应该的，但又不是理所当然的。如果把对方的付出视为理所当然，就会掉进爱情的坟墓，对方便会舍你而去，你们的爱情也就走到了尽头。

一个例子，说的是 20 世纪 70 年代的事。一对男女相恋了，女的家境殷实，男的却因阶级成分问题被下放到一个小山村去"学习"。为坚守这段爱情，女的不顾家里的反对，甚至不惜与家庭断绝关系，毅然跟随男的到偏僻的山村吃苦受累。半年中，两人生活得和和美美。接下来的中秋节，乡里给来下乡锻炼的住户每人分一个月饼。

当分到他们家时，恰巧男的收工在家，女的还没回来。那个年月，月饼是多么难得一见的宝贝啊，男的在油灯下看着分来的两块不大的月饼，想要等女的回来一起吃。时间一分一秒地过去了，男的觉得时间如此难熬，饥饿难忍，心想，先把自己的那块吃了吧，不等她了，于是三下五除二，一块小月饼顷刻成了他的腹中之物。那是块多么香的月饼啊，厚厚的什锦馅、薄而脆的黄油皮儿，在灯光下闪着诱人的光泽。他的内心甚至没经过几次斗争，就毫不犹豫地将女人的那块月饼也一口吞下。谁知这时女人回来了，她听说中秋节分月饼，兴冲冲地往回赶，想要和男人一起吃月饼过中秋，可推门看到的却是男人狼吞虎咽地吃着那块属于她的月饼。女人背上的锄头落在了地上，随之下坠的，还有女人的心……

第二天，女人就回城了。家人沉痛的劝阻、乡下难熬的生活都没有磨灭女人对爱的坚持和守候，而一块小小的月饼却办到了……

女人是感情至上的动物，她认为你对她好，她就会将所有可以给予的东西付出；但当她觉得这份爱没有回报，甚至感觉不到对方的共鸣时，她也将义无反顾地离去。"付出才有回报，说到不如做到"，事实上正是如此。

恋爱中最要不得的就是毫不在意地接受爱，认为另一半的付出是理所当然的人，是太自我的人。恋人有时候会很盲目，分不清方向和对错。如果一个以自我为中心的人走进爱情，他很可能依然我行我素，不会爱别人，不会为别人着想。他们在情感上会很苛刻，爱与幸福似乎与他们无缘，因为他们要求整个地球围着他们转，但地球有自己转动的方向。

把另一方的付出视为理所当然时，你就会压制对方享受自己生活的权利。而实际上，要维持爱情，双方必须是平等的，一方都不可能成为另一方的附属物或牺牲品。既然双方是平等的，我们就要学会尊重，尊重对方的存在和对方的一切独立因素。经营爱情的要素有很多，为对方承担责任，感情公开、忠诚，有高度自尊，对人生持积极的态度，等等。其中，尊重是爱情赖以生存的基础，认为另一半的付出是理所当然的最根本的原因就是双方彼此不懂得尊重。尊重就要相敬如宾，这里没有"牺牲""奴隶""暴力"等字眼，只有"理解""关怀""爱慕"等。正如美国人纳撒尼尔·布拉登在《浪漫爱情的心理奥秘》里的描述："受到爱侣的尊重，我们就会感受到一种理解和被爱，感受到彼此心心相印，从而不断地增强我们对爱侣的爱慕之心。"也许尊重让我们心灵坦然、释怀、心胸宽广，也是尊重让彼此的心挨得更近，更加从容地面对一切挑战，生活也就更加灿烂。

聪明女人从不这样说

恋人间难免会发生"战争"，在一触即发之际，是火上浇油，还是春风化雨，往往取决于女人的言语。有时候，恰到好处的一句话，不仅能平息争端、掌握主动，还能让恋人间在磨合的过程中更亲密、融洽和快乐。指责的话少说为好，或者你的本意是好的，可说出来却全变了味，这时一场争执往往在所难免，错误信息的传递眼看就要引发夫妻大战。

女人是感性动物，脾气上来的时候常常口不择言，可毕竟话说出来就像是泼出去的水，想要收，是收不回去的。甚至指责的话给对方的伤害是永远的，也许正是因为这一句话，会让你的爱人离你远去，所以聪明女人一定记住，以下的话不能说。

1. "我要跟你离婚！"

对夫妻来说，"离婚""散伙"是非常敏感、沉重的词，不到感情破裂时，千万不可顺嘴而出。轻率地提及这些词是很危险的：一是容易撕裂夫妻间的感情纽带，使对方产生不必要的猜测，变得心灰意冷；二是容易加深家庭矛盾，长此以往，就真的会出现离婚的恶果。

瑾和丈夫感情不错，只是偶尔有点口角，这本来算不了什么，可是瑾一到情绪激动时，顺嘴便说："吵什么吵，不行就离婚！"第一次这么说的时候丈夫还不太在意，几次以后，他就觉得不是滋味了，以为妻子移情别恋，所以才把离婚挂在嘴上。一来二去，丈夫对妻子越来越疏远，两个人不久就真的走上了离婚的道路。

2. "真是个窝囊废！"

俊是个知识分子，对专业以外的事不太在行。妻子看到别人的丈夫都能帮着做些家务，炒菜做饭，非常羡慕，因此越发对俊不满，经常发牢骚说："你可真是个窝囊废，干啥啥不行，做啥啥不会。"她的本意是刺激他学点专业以外的本领，可事与愿违，她越是经常这么说，丈夫越是"窝囊"，因为她使他怯于学习，他觉得无论自己多么努力，也达不到妻子的要求。

这位妻子可能有所不知，她正在用这些话语摧毁丈夫的自信心，伤害夫妻感情。正确的做法是，给伴侣以积极的鼓励，这样有利于他提高能力。

3. "当初嫁给你真是瞎了眼！"

类似的话还有"早知今日，何必当初"，"跟了你真是倒

了八辈子霉"，等等。愤愤地说这些话时，深深的懊悔情绪是显而易见的，这怎么能不伤害配偶的自尊心呢？

丈夫下岗了，妻子惊呆了，想到这会给她带来耻笑和白眼，会增加家庭的经济负担，还想到答应给儿子买钢琴……不由火气冲天："当初真是瞎了眼，嫁给你这么一个没饭吃的男人！"话刚说完，脸上就挨了丈夫一个大大的耳光，因为丈夫也正在气头上，听到这样的话又怎能不格外生气呢？

其实，妻子应在丈夫人生的航船遭受风雨的紧要关头，将爱的缆绳牢牢地系在对方的船上，用温柔的情感将其拉出险滩。任何后悔的话，不仅不能解决问题，反而会使问题变得复杂，使感情之舟搁浅。

4."你看看人家某某，比你强多了。"

常言道："货比货得扔，人比人得死。"在当今许多家庭里，"比照教育法"成了夫妻间教育对方的重要方法之一，这实际上是一种攀比心理在作怪。尤其是做妻子的，更是常常使用这种方法埋怨丈夫。妻子总是把丈夫当作一家之主，丈夫兴则兴，丈夫衰则衰，而且丈夫的兴衰直接关系到妻子的个人利益，所以女人便习惯于找上几个"典型人物"来做例子。

比如说："你看人家小刘的丈夫，年纪轻轻就当了总经理，再看看你呢？"对自己的丈夫采用这种"比照教育"的方式，无论是直率还是委婉，都含有"你不如某某"之意，因此常常使脾气好的丈夫也尴尬至极，脾气坏的丈夫则会说："人家好你就跟人家过去！"结果给家庭留下挥之不去的阴影。应该理解的是，每个人都有自己的长处和短处，妻子应该懂得如何抓住时机鼓励丈夫，而不是讽刺挖苦他，讽刺挖苦的结果只能是适得其反。

5."我做什么，你管不着！"

夫妻间最可宝贵的东西是信任，最有害的东西是猜疑。生活中，有的夫妻因相互信任而和和气气，感情日益加深；有的夫妻因相互猜疑而吵吵闹闹，感情日渐疏远。"这事你管不着！"这样的话往往容易使对方产生误解，以为你有什么事对他隐瞒，渐渐地，他对你也就不信任了。

比如，妻子回家晚了，丈夫问："你干什么去了，这么晚才回来？"这本来是关心的话，可做妻子的如果正好赶上不顺心，就会说："你管不着！"丈夫当然会很委屈，而且还会暗自琢磨：她是不是有什么不可告人的秘密？猜疑不觉而生，于是家庭风波就在不知不觉中酝酿起来。

除了以上这些会直接伤害丈夫的话不该说，一些较婉转的却会伤害男人的话，聪明的女人也绝不会说。

1."我知道你就会那样说！"

有很多话本身并非责难，除非你用的是含沙射影的语气。当你面带挖苦地说"我知道你就会那样说"时，无异于是在用另一种方式骂你的丈夫是个"笨蛋、蠢人"。轻蔑会加快婚姻的崩溃。较为明智的表达应为："你以前就曾经这样说过，所以它一定还在困扰着你。"这样说，既真诚地考虑到了他的感受，又表明你希望能为解决问题做些什么。对生活中的每一点细微之处都试着去体会和沟通，你们的婚姻才会更加牢固。

2. "你简直快把我逼疯了！"

你得明确表达是什么在影响着你的情绪，你需要强调他的行为带给你的感受，但不要列出一大堆的抱怨和委屈清单。记住：一次只指出一个问题，如"当我想跟你说话而你只顾自己看电视时，真的叫我很难受"。当出现问题时越早说出自己当时的感受越好。"你简直快把我逼疯了"这句话意味着，你的情绪经过长时间的压抑之后已经上升到了一个过激的水平。

3. "这事你一直就没做对过。"

责备你的另一半的行为不当时，你往往会指出做这件事正确和错误的方法。即使你的办法看上去很不错，但事实上也不一定是最好的办法。不要吝啬对他的感激和肯定之词，幸福往往建立在彼此欣赏的基础上，学着常常赞美他，哪怕只是举手之劳的小事，也不要忘记说声"谢谢"。

4. "为什么你总是不听我说？"

说你的伴侣总是不听你的，不仅满是责备，而且还夸大了怨气。毕竟，即使是最粗心的人对你所说的话也会在意几次。因此，如果你希望你的丈夫不仅听你说，而且更多地和你交流，就要做到始终心平气和。

5. "没什么不对，有什么让你觉得不对的？"

回避问题只会让事情更糟。伤口总是会化脓的，你的痛苦会将你们的关系抛向更为混乱的境地，并逐渐深化。首先，应承认你有不对的地方，即使你并不准备立即谈论此事。这样做有助于消除紧张的气氛，并使你们两人处于寻求解决之道的同一条路径上。然后，计划好时间，两人坐下来慎重地谈论双方的问题。

6."你总是偏袒孩子。"

"总是"这个词是一个红色的危险字眼，充满谴责并常常引发怒火，而且你的丈夫也会因此而处于防御状态，武装自己等待"战争"。夫妻在教育孩子方面频繁的意见相左不仅会产生反作用，还可能造成家庭分裂。生活在吵吵闹闹的家庭中，孩子会对你们的不和渐渐习以为常，也许会把你们婚姻的不幸归咎到自己身上。所以，在处理这方面的分歧时一定要避开孩子，将所有的委屈以及意见都暂时保留一下。

做"三不女人"，不做"三等女人"

如今，三从四德的时代已经过去了，女人应该知道：要做"三不女人"，别做"三等女人"。

所谓"三不女人"：深藏不露，捉摸不透，飘忽不定；而所谓"三等女人"：等孩子放学，等老公下班，等电视剧开播。

在男人眼里，一个女人令他长久着迷的往往不是这个女人有着惊人的美貌，也不是她柔情似水的温顺性格，也不是她卓绝不凡的才气，而是一种特殊的味道，一种不一样的气质，一种齿颊留香的品位，这才让男人念念不忘。

正是这样的"三不女人"，最让男人勾魂摄魄，也最让男人魂牵梦萦。一个每根肋骨都让男人摸清楚的情人，可以提供给他们安全感，但不会让他们产生朦胧的美感。

影星苏菲·玛索在电影屏幕上就表现了一个"三不女人"的特质。有人曾这样评价：苏菲·玛索的眼神可以让全世界的男人迷失方向。在不了解苏菲·玛索的人看来，这话有点夸张，但对于了解苏菲·玛索的影迷来说，这就是对苏菲·玛索所拥有的迷人气质的最佳诠释。苏菲·玛索身上有一种神秘的气质，脸上的表情总是显得那么无辜那么迷茫，既像一座神秘莫测的卢浮宫，又像一株无语凝咽的寂寞梧桐，让男人产生了一种雾里看花的朦胧之美。有时候，男人就是个好奇心十足的孩子，总想揭开罩在女人身上那层神秘的面纱，一探究竟。

不仅仅是在中国，男人喜欢追逐"三不女人"；在西方国家，男人同样对"三不女人"迷恋不已。正如20世纪法国女性主义的先驱波伏娃在她所著的《第二性》一书说过的："西方男人理想中的女人，是这样一种女人：她受他支配时是自由的，她不人云亦云，但她也屈从他的论点；她机智地进行反抗，却以认错而告终。他的自尊心越强，他想冒的险就越危险：征服彭忒西勒亚（古希腊神话中间玛宗人女王）要比娶顺从的灰姑娘更为壮观。"甚至是连19世纪德国哲学家尼采也发出这样的感叹："勇士热爱危险和运动。这就是他爱女人———一切运动中最危险的运动的原因。"

这种危险的运动让女人犹如水中涟漪一般优美；虚假且迷人的映像使她格外生色；风骚乃至堕落为她带来了浓郁的芳香。她欺欺骗骗并躲躲闪闪，她令人难以捉摸并两面三刀——正因为如此，她才极大地迎合了男人的矛盾欲望。

第八章

你的特别，只有喜欢你的人懂

女人干得好是基础，嫁得好是必要

干得好重要还是嫁得好重要，这恐怕是每个二十几岁的女人都讨论过的问题。有人说，做女人何必那么辛苦，干得好不如嫁得好；也有人说，现在离婚率那么高，嫁得好有什么用，事业才是自己的。其实，何必非要在二者之间做个非此即彼的选择题呢？有人曾说，结婚后，男人是女人的气候、土壤、环境。男人脾气暴，整日狂风暴雨，女人一定憔悴无光。一个本来清高的女人变得越来越恶俗，一定是她的男人档次不高，她"近墨者黑"。相反，一个本来很一般的女人，相貌越来越可爱，说话越来越文雅，举手投足越来越有风度，那一定是因为她嫁了一个好男人。一言以蔽之，干得好是基础，嫁得好是必须。

选择决定命运，所有的结局其实在最初的时候就已经注定了。无论在选择恋爱的时候，还是在恋爱之中，女人都应保持一定的理性。

才女林徽因曾深深地爱着徐志摩，但最终并没有选择徐志摩。徐志摩为她离婚，为她反驳自己的老师——梁思成的父亲梁启超，还得罪了不少朋友。但林徽因是冷静的，"徐志摩当时爱的并不是真正的我，而是他用诗人的浪漫情绪想象出来的林徽因，可我并不是他心目中所想的那一个。"她未将自己的终身托付给徐志摩，应该说是十分明智的。

如何借一双慧眼，看清楚我们未来的结局，选择一个可以给自己带来幸福的男人？对于这个问题，很多过来人给出了她们的经验。

1. 能够给你工作和事业提出有效建议的男人

女人也有自己的工作和事业。女人在工作中更容易受伤害。所以，找一个可以为你分担工作压力、为你排解工作中忧愁的男人会为你的工作增色不少。

2. 把另一半放在与自己平等地位的男人

一个女人，找到一个尊重她的男人，那么不管在何时何地，他懂得考虑你的权益，以你的幸福为前提，会尊重你。

3. 心中有家的男人

男人绝对不能没有事业心，但如果他的事业心太重，他花在家庭和你身上的心思就会很少。你要他陪你逛街，他说没意思；你要他陪你看电影，他说没时间。太醉心于事业的男人，大多有指挥他人的欲望。和太有事业心的男人相处，最大的伤害是精神方面的。另外，"有事业心"的男人大多因为过度劳累，身体素质不稳定，稍有机会，疾病就乘虚而入。

4. 和你价值观相近的男人

假如你是一个一心想出人头地的人，为了事业的成功可以牺牲时间、精力，如果你的丈夫和你一样，那么你们就会像一对优秀的合作伙伴，可以每晚都一起"密谋"。如果你生来淡泊人生，那你也得找一个和你持相似价值观的人共度一生。有两对夫妇，一对奉行享乐主义，对所有的娱乐和旅游项目都积极倡导；而另一对是谨慎的节约主义者，为防老，为育子，就是坐车都要考虑是地铁省钱还是公交车省钱。两对夫妇各得其所，日子过得都很甜蜜，假如换过来……后果不堪设想。

所以，你是什么样的人都没关系，要紧的是得找一个和你价值观一致的人。所谓萝卜青菜，各有所爱，相信这世上一定有一个欣赏你的人。

5. 浪漫而不多情的男人

女人都追求浪漫的生活，找一个能够给自己的生活注入浪漫元素的老公，生活就是再累再苦，都像生活在童话世界里。可是，浪漫不等于多情。多情的男人虽然体贴入微，让你饱尝爱情的甜美，但他们天生多情，见一个爱一个，对谁都舍不得，到头来受伤的还是被他爱过的那些女人。

6. 让你感受到亲情的男人

理想爱人的一个要素就是，你能在对方面前牙不刷，脸不洗；你能把脚跷在桌上；你能放声大哭……那时的你在他面前就好像在自己的父母面前。

一百分的女人碰不到一百分的男人

一男一女从身边走过，有人感叹："一朵鲜花插在了牛粪上。"身边，总有些才貌双全、无可挑剔的女子，嫁了一个条件尚可的男人。于是人人都在寻思，莫非现在条件好的男人都不爱美女？非也，只因美女往往心气都太高，而"高处不胜寒"。

曾经有一位女人，活得相当骄傲。她骄傲的资本有两项：

一是她长得晶莹剔透，二是家境殷实。她的美丽与出身倾倒了一批怀着各种杂念的男孩子们，她理所当然地成了学校里的校花，她的身边也自然而然地开始围绕男同学的鲜花与女同学的羡慕。

但她从不对亲近她的男同学表露任何的好感，偶尔被追得不耐烦了，她才会对他们说：你们都不是我心仪的男朋友，我的男朋友将是一个"独一无二"的人。后来大家才知道，她所说的"独一无二"的意思大体是这样：要有施瓦辛格的体格、周润发的长相、李嘉诚的财富，除此之外还要有博士学位……

这"独一无二"的标准一公布，她的身边立刻清静了很多。一群逃兵落荒而去，边逃边暗自疑惑：符合这标准的男人还能是人吗？

她自己也心知肚明这要求很苛刻，但她却有相当的恒心和信心，在此方面她表现得极为执着，她一直严格按照当初所定下"独一无二"的要求去寻寻觅觅，她从昨天一直找到今天，从今天又找到明天，至今仍是独身一人。

　　女人把自己摆得太高，反而很难感受到属于平凡人最普通的幸福。因为太完美，整日活在崇拜、赞美和狂热的奉承与追捧之中，在享受这种虚荣的同时，也因此成了井底之蛙，看不到除此之外的世界。即使你美若天仙，也没有男人会在原地等你，等到非嫁不可的年龄，只能勉强挑一个还算顺眼的共度此生。

　　相貌一般的女人总是羡慕身边的美女朋友，事实上，漂亮女人经常难以结识更多的男人。多数男人因为她的容貌止步不前，认为她如此漂亮必然自视清高，必然拒绝自己，必然名花有主，必然傲慢势利……当英俊的王子遇到美丽的公主时，他们会想：我是帅哥，用得着主动去追吗？如果追到了还好，如果追不到的话那多没面子！我身边的朋友会怎么说，那些围着我的女人们会怎么想。思来想去，压力实在是太大了，还是算了吧。

　　而女人由于天生的矜持和骄傲又无法放下脸皮去倒追帅哥。如果追不到的话，身边的朋友肯定会说她倒贴还没人要。正在矛盾的时候，突然跳出一只大青蛙，反正我是青蛙我怕谁？心里一点压力都没有。"喂，美女，晚上一起吃顿饭吧！"有人追肯定是一件很有面子的事情，白吃一顿饭还可以气气那些不解风情的白马王子，给他们一点压力也好。一顿饭下来，再看几场浪漫的电影。美女的心里也开始起了变化：这只青蛙其实还蛮可爱的，其实无论有多难看，看惯了也就习惯了。最后一来二去，美女开始慢慢地喜欢上了青蛙王子。于是，又一段美女配丑男的故事开演了……

父母反对的婚姻，务必要三思

　　人们对于自己拿不准的事情，常常要请教过来人的经验。然而，恰恰是结婚这件关系到一生幸福的事情，却总有人认为可以自学成才，不顾父母的反对，认为父母的经验都是偏见，"赌气"似的去结婚。所谓"情人眼里出西施"，这话对于男人不错，对于女人更是如此。恋爱中的女人，更多了一份感性和任性，一旦爱上一个人，宁愿自欺欺人也不愿承认自己爱错了人。眼里看到的都是对方最好的一面，即使发现有缺点，也故意缩小直到可以忽略不计，满心以为自己找到了不错的归宿，不幸的婚姻往往由此开始。

　　"不识庐山真面目，只缘身在此山中。"在婚姻这件事上，父母比我们更能够客观冷静地思考，他们积攒了几十年的人生经验，并且充分利用这些经验来占卜，预测子女的选择会不会幸福，如果他们觉得不对，就会毫不犹豫地提出反对，即使这样会遭到子女的冤枉、指责甚至冷战，他们也一样会这么做，因为，父母是这个世界上最最关心我们幸福的人。当我们对另一半的选择遭到父母的反对时，不要急着反抗，静下来想一想，究竟是什么地方出了问题。

　　可云在一次校友联谊会上认识了后来的男友，当时可云读本科，男友是硕士，相貌上看，他们也很般配。两人毕业后，便商量着结婚。

可云的母亲从一开始便不赞成他们的恋爱，苦口婆心地劝她："这孩子本性并不坏，但你们俩从小是在不同的环境里长大的，你不了解努力拼搏、从农村挣扎出来的他骨子里藏着的欲望和性格上的缺陷。"而可云认为从农村出来的男朋友有志气、上进，又能吃苦，听不进母亲的劝告，坚持要结婚。

真的到了男友农村的家里，可云才明白，自己把婚姻想得太简单了。有一堆老乡满脸堆笑地请他办事，男友也推脱不开，几乎有求必应；吃晚饭，嫂子洗碗便跟可云说，这两天的碗就我来洗，以后只要你在就你洗了，平时你们不在家，家里大大小小的事都是我和你哥在忙活；晚上，公婆给他们训话，说下半年就要搬去和儿子一起住，男友满口答应了，其实家里的房子并不宽敞，可云家里还有个妹妹未婚，根本住不了那么多人。可云表露出反对的意思，公婆立刻沉下脸来……

可云忍不住心里的委屈，第二天就坐上火车回家了。男友没有安慰她，而是认为这些都是她应该做的，俩人大吵了一架，男友先提出了分手。

就像可云这样，年轻女人在谈恋爱时都不愿意受人摆布，特别是不愿意听父母的话。父母越是反对，反而越是坚定自己的选择是正确的，等到真的迈进了"围城"，了解了对方，也看清了自己，这时候才知道父母当初的劝告不无道理。听听身边有多少女人在感叹"当时真该听妈妈的话""那时候为什么不阻止我"，父母的人生阅历比我们丰富，当我们被爱情迷昏了头，他们往往能一眼看出两个人不协调的地方。多听听父母的意见，不要因为任性而盲目地反抗父母的劝告。要知道，不被父母祝福的爱情往往举步维艰，即使最终获得了成功，也为之付出了沉重的代价。

从另一个方面说，在结婚这件事上，我们不仅应该而且有义务、有责任听听父母的意见。结婚并不只是两个人的事，而是两个家庭的事，一纸婚书联结的不只有两个新人而是双方家庭十几个人，首当其冲的就是双方的父母。就算小两口如胶似漆，如果双方家长之间不能和睦相处，原本幸福的婚姻也会走向不幸。因此，面对父母反对的婚姻，为自己也为家人，三思而后行。

有时候，合适比爱更重要

"执子之手，与子偕老。"这大概是描述婚姻最动人的一句话。大多数人把这句话理解为爱情的永恒，实际上，这是一种亲情的体悟。那些爱你一生一世的话固然浪漫，却不能当真，甚至可以说是十足的谎话。

很多科学数据也证明，真正炽烈的爱情，在人的大脑里也不过维持22个月，随着时间的推移，爱的温度会越来越低，最终都会转换成一种亲情。

有很多男男女女认为，婚姻中如果没有爱情会很遗憾，其实，这世上，能成为永恒的爱绝不是爱情，而是亲情，是相互契合、心有灵犀的亲人般的体贴。

有人说，宁要贴身棉袄，不要貂皮大衣。恐怕没有哪个女人不爱貂皮大衣，但真要把它带回家却是另一回事。貂皮大衣固然光鲜亮丽，惹人羡慕，却不如贴身棉袄那般温柔体贴。也有人说选老公如同选鞋子，天下女人都爱鞋，有的喜欢华丽的，有的喜欢名贵的，有的喜欢普通的，有的喜欢舒适的……至于穿上的感觉如何，就只有自己的脚知道了。有的鞋看上去华丽名贵，穿上却不舒服，穿的时间一长，甚至会伤到脚；有的鞋看上去虽然粗俗普通，但它却舒服耐用，适合长路远行。

别人看到的是鞋，自己感受到的是脚。当你穿上一双舒服合脚的鞋时，将能轻松上路、健步如飞；当你穿上一双不合脚的鞋时，将会负重而行、步伐蹒跚。

事实就是这样，喜欢的不一定是最合适的，最合适的那个人往往乍一看并不起眼，却经得起时间的推敲和考验。谈过恋爱或是踏入婚姻殿堂的人都知道，一对佳偶这时再好，可能在"年久失修"后会变成一对怨偶；当时爱得死去活来，过不了几年，可能就恨得咬牙切齿。

在我们的生活中，有些婚姻看似完美，男人女人的条件都好，结为秦晋之好互惠互利，或者女人攀上高枝，堂皇地做了娇妻。外表看起来炫目至极，可也有难言的苦楚。有些婚姻存在的基础是纯粹的爱情，这种婚姻，因此弥足珍贵。虽然在他人眼里，贫贱夫妻，百事皆哀，可也未必就是真实的情景，如人饮水，冷暖自知。

魏雯到了该结婚的年龄，她每天都在等男友求婚。可是男友却还是一副小孩儿玩心未泯的模样，从来也不提与婚姻有关的承诺、责任。

　　魏雯越来越觉得他靠不住，于是和他分手了。之后母亲为魏雯介绍了一个同事的儿子，对方性格比较内向，不像前男友那样健谈、讨人欢心，不过魏雯和他相处以后发现两人倒是很合得来，兴趣、观念等各方面都很相近。而且对方也是传统型的人，很希望能步入婚姻殿堂。

　　就在两人要谈婚论嫁的时候，魏雯的前男友突然又联系她。他告诉魏雯，经过这几年的沉淀，他内心已经成熟了，而且事业也很有起色，这个时候他越来越觉得魏雯才是他不可缺少的。男友的回心转意让魏雯陷入了矛盾之中，的确从现在看，前男友无论从感情，或者从各方面条件都比现在的男友要好，但是魏雯仔细考虑了一下，两人在很多看法上还是有分歧的，当初交往时就经常吵架，这样的关系进入到婚姻恐怕要更受考验。

　　于是她权衡再三还是选择了现在的男友。两人结婚后，日子虽然平实无奇，但素来喜爱平稳的魏雯感到找到了最合适她的生活。

　　婚姻是实实在在的生活，它交织着各种琐碎。在这个最真实的世界里，童话是不足为信的，童话中的王子到了现实里，也许就受不了柴米油盐的"熏陶"了。所以，找一个能和你平平安安过日子的人才是最合适的选择。

　　那么我们该怎样判断一个男人是否适合自己呢，别问他人，也别光凭自己的感觉，有 10 个因素你必须考虑：

1. 彼此是最好的朋友

你们彼此都是对方最好的朋友，不带任何条件的，喜欢与对方在一起。

2. 容易沟通，相互信任

彼此很容易沟通，不必担心被对方怀疑或轻视。

3. 有共同理念和追求

两人在心灵上有共同的理念和价值观，并且对这些观念有清楚的认识与追求。

4. 双方认同婚姻关系

你们都认为婚姻是一辈子的事，而且双方都坚定地愿意委身在这个长期的婚姻关系中。

5. 可以协商解决矛盾

当发生冲突或争执的时候可以一起来解决，而不是等以后才来发作。

6. 幽默相待，彼此开心

相处可以彼此逗趣，常有欢笑，在生活中许多方面都会以幽默相待。

7. 非常了解，互相接纳

彼此非常了解，知道对方的优点和缺点，但仍然互相接纳。

8. 有第三方支持肯定

从你最信任的人之处，得到支持和肯定。

9. 从从容容，偶有浪漫

有时你们会有浪漫的感情，但绝大多数的时候，你们的相

第八章 你的特别，只有喜欢你的人懂 | **137**

处是非常满足而且从容自在的。

10. 为人处世和谐默契

你们有一个非常理性、成熟的交往，你们双方都感受到，在许多不同的层面上，你们都是很相配的。

婚姻是因为相爱，也是因为适合而两个人相依相守，流行的东西不见得都适合自己。伴侣要和自己相处一辈子，因此不能像装饰品一样，是为了摆在家里好看。心理学上"匹配"是个中性词，它没有所谓的好与坏。

结婚不是要找一个比你更优秀、更成功的人，而是要找一个跟你相投，使你心情愉快、能与你和谐生活的人。如果有一个人能够理解你、欣赏你、包容你，理解你的个性，欣赏你的优点，接纳你的缺点，并且让你尽情发挥自身潜能，那么，他就是最适合你的人。

没有爱情不行，没有面包万万不行

爱情是女人生命中永恒的主题，每个女人都渴望爱情，都希望沉醉在爱河中感受人生幸福之花。然而，你的爱情没有开在童话里，在现实的烟尘中，当爱情与面包难以两全时，你该如何抉择呢？有这样一则故事：

爱情穿着高贵圣洁的礼服在世间行走。有一日，它忽然遇见了陈列在橱窗里的白胖胖、傻乎乎的面包，爱情心里忍不住有点不平衡，这个笨家伙有什么资格躺在这么华贵的橱窗里呢！真是太不公平了。它凑上前去对白面包说："喂，傻瓜，谁让你躺在这里的？"

面包毫不生气，微笑着说："点心师傅因为人们的需要而创造了我，我能填饱人们的肚子，我不躺在这儿躺到哪去呢？"

爱情嗤之以鼻，当下决定和面包打个赌，让面包承认自己的微不足道，爱情才是至高无上的。

于是面包笑眯眯地离开了橱窗。爱情化身为美丽而特别的爱情小天使代替了面包，微笑地站在了橱窗里。

不久，橱窗前来了一个小男孩和一个小女孩，小女孩手里攥着钱把橱窗上下看了一遍说："哥，怎么不见面包了，这个是什么东西啊？"

"这是爱情。"小男孩看着旁边的招牌回答。

"爱情是什么呢？它看起来好美哦，我们把它买回去吧。"小女孩很高兴。

"不行，不行，"小男孩慌张地摆手，"妈妈说是爱情抢走了爸爸，所以我们才没有了爸爸，如果我们敢把爱情带回去，妈妈一定很不开心的。"

小女孩似懂非懂地和小男孩走了。

爱情很不屑："小孩子懂什么爱情呢。"

一会儿，来了一对时髦的青年男女，他们立在橱窗前还不时相互亲吻对方的脸，看得出是一对沉浸于爱河的恋人。女人首先发现了爱情，她兴奋地说："亲爱的，这是爱情啊，我们把它买回去吧。"

"可是亲爱的，我们是来买面包的。"男人皱了一下眉头。

"噢。"女人发出一些失望的音符，随即又心领神会地和男人一起走了。

爱情很失望，但又释然了："浮躁的青年人还是不懂得爱情的。"

中午来了一对中年夫妇，都拎着大包小包的东西。"这是一对会过日子的夫妻。"爱情心想："他们一定懂得什么叫爱情。"

女人的眼睛飞快地搜索了一遍橱窗，看到爱情，她的嘴角浮起了一丝微笑，爱情想她一定是想起了恋爱时的美好时光。爱情满以为她会买下自己，谁知女人只是失望地说："这里没了面包。"

"那我们再找另一间吧，孩子等着吃呢。"男人推着女人走了。

爱情气愤极了，马上又安慰自己："被生活琐事累着的人是不懂得享受爱情的。"

过了许久，来了一对老夫妇，老妇人高贵优雅，老头儿也温文尔雅，爱情可以看得到他们之间的情意，心里高兴起来："只有老了的人才能真正地了解爱情。"

老妇人看到了爱情对老头儿说："现在爱情到处乱摆，算什么爱情啊。"老头儿笑道："还是面包实在。"他们转身走了。

爱情终于忍不住，放声大哭起来。它悲伤地哭道："这世间就容不下爱情了吗？"但是没人能回答它。

每个人都期盼能和生命中的另一半演绎一场轰轰烈烈的爱情，然后在漫长的生活中成为能读懂自己的知己。生活久了，你就明了，这个世界能找个心心相印的异性不容易，找个一辈子花前月下的异性更是难上加难。

人们崇尚爱情，世俗却看轻爱情。只给得起爱情的男人，最看不起重视面包的女人；渴望爱情的女人，最讨厌身上沾满面包味的男人。有人说，年轻的时候因为不用担心没有面包，所以追求纯真的爱情，等到有一天自己要想办法找面包吃的时候，爱情就不重要了。爱情拥有保质期，有专家说世界上最长的爱情期限是 3 年 7 个月，没有爱情的日子，女人又靠什么维持平淡如水的生活呢？

只要爱情的人是理想主义者，为了爱情可以放弃一切。选择面包的人是一个现实主义者，他们把经济基础放在第一位。我们不能说他们势利，不能说他们冷漠，只是他们无可奈何。

生命中，爱情很重要，但不是唯一。爱情只是生命绿树上斜伸出的一根枝条，它有理由成为生长得最茂盛、开放得最美好的一个生命，但是，它并不是生命本身。为了爱情，并不意味着你有理由放弃生命中其他的要务。

真正的生命，还要面包的滋养，才能存活。所以，在面包和爱情之间，必须要有面包。爱情与面包并不是对立的矛盾，而仅仅是生活的两个侧面、两个层次。正如这句话所说，经济基础决定上层建筑，上层建筑又反作用于经济基础。没有面包的爱情，是饥肠辘辘的浪漫、沿街乞讨的高尚，最后只能是香消玉殒。

其实，何必把面包看得那样俗气？爱情本身带有很多附加值，面包不过是其中一个，诸如此类的还有很多，例如身高、相貌、年龄、人品、学识……爱情不是一个存活在真空里的东西，它实实在在，它需要有面包的支撑。营养充足，爱情之花才能开得长久。

让婚姻成为梦想的推动力

当我们看到一个事业有成的女人时，羡慕嫉妒之余，多半会猜想：她结婚了吗？她的婚姻生活幸福吗？她那么忙，有时间照顾孩子吗？

很多女人在潜意识里把婚姻当作吃掉梦想的怪物，认为女人结婚后必然要放弃自己的梦想，如果硬要坚持，那么她的婚姻肯定很糟糕。其实，结婚后更有活力的女人大有人在。婚姻的确会约束女人，但是，如果能够遇到好的伴侣，婚姻也可能会有利于女人事业的发展。

晓昕一直想考取会计师证书，可 5 年下来，还有两门课程没有通过。由于家里的经济压力，晓昕在一家公司找到了工作。工作后，更没有时间和精力了，完全没法集中精力复习。

直到几年后，她结婚了。丈夫年薪也很高，同时认为会计师是个不错的职业，愿意支持晓昕继续完成自己的梦想。晓昕辞去了公司的工作，全身心地投入到学习当中。没过多久，她就通过了梦寐以求的考试，在一家会计师事务所找到了满意的工作，现在生活得更加愉快。她虽然已经结婚，但还是经过努力的学习考取了资格证书，人们都说她是因为结了婚，生活上有充分的保障，才会顺利通过考试的。

婚姻对女人来说可以是一项很重要的资本。有经济实力又愿意支持你的丈夫，对于妻子来讲是最有力的靠山。很多女人在结婚以前因为时间上或是物质上的条件局限，使得自己的许多梦想难以实现。结婚后，如果经济条件好，可以没有负担地投资学费，同时，还可以把这种投资当成是为了家庭而做的投资，也觉得心安理得。就算不是丈夫全力支持，至少婚姻可以带给你经济上和精神上的安定感，对女人来说这是一项莫大的帮助。

当然，并不是所有已婚的女人都会因为婚姻而成功，也并不是所有的老公都有能力和意愿帮助妻子成功。那么，究竟什么样的老公能够帮助你实现梦想呢？

首先，具有足够的经济实力，让你在物质上没有后顾之忧。你不必担心辞职或者做兼职就会饿肚子，这样才能全力以赴地追逐你的梦想。

第二，要找一个能与父母有良性互动的男人。如果是过分顺从父母、没有自己主见的男人，不论他条件多好，都不能选择他。就算和实现梦想没有什么关系，仅仅是想找个好老公的女人，都应该远离这种男人。就算丈夫再能够体谅妻子，如果公公婆婆不能理解你而丈夫又无能为力时，那么，在你还没有开始做事之前，你就会先被这个家庭关系打败。

第三，男人要有兴趣和志向。如果是一个没有进取心的男人，很难默默地支持妻子走向成功，困难的时候，他会先放弃梦想。

最后，也是最重要的一条，愿意为你付出。追求梦想必然会减少花在家庭和丈夫身上的时间和精力，甚至有时可能会增加丈夫的压力。很多男人，希望下班回家后，能看到妻子准备好晚餐等他回来。如果条件允许的话，他们甚至希望妻子能留在家里当个全职的家庭主妇。在这样的情况下，如果找到一个真正会因为你努力工作而为你开心的丈夫，那么，你就是个幸福的女人了。

当心，他有"新大男子主义"的倾向

传统的大男子主义，在社会中已经越来越没有"市场"了，因为没有哪个女人能忍受家中丈夫的独断专横。但是，就像病毒一样，旧的病毒被克服了，新的病毒又会滋生。新大男子主义是一种新生病毒，虽然温和一些，但并未发生根本性变化。

下面就是一些新大男子主义的主张和宣告。

第一，他们认为男女平等不是男人做什么女人就做什么，这是"男女一样"，不是"男女平等"。平等的本质是什么？是被尊重，被看得起，拥有同样的权利，等等。

第二，男人跟女人客观上存在着性别差异，造成生理上、体力上、心理上存在着差异，这是客观存在的，因此男人和女人在社会上合理分工，担负起不同的职责，是最自然不过的事了。

第三，因为女人担负着孕育人类后代的任务，在社会分工上处于被保护地位，"战争让女人走开"，并非歧视女性，而是为了保护女性。脏活、累活、危险的活，由男人来干，更合理。女人为什么不领情呢？为了争取男女平等、证明女人同样有权利、有能力吗？女人当然有权利、有能力，而且干了就一定要同工同酬，但是为了呵护女性、关爱女性，我们不提倡这样做。

第四，"女士优先"，不同的人有不同的看法，所谓的女权主义者认为是歧视女性，女权主义者主张的"男女一样"是女人真正想要的吗？而主张男女真正平等的人，认为是对女性尊重才会这么做。事实上，只有从心底里尊重女性，男女平等才会真正实现，而如果女人不配合，偏偏要争取"男女一样"，结果会弄得女人不像女人，逼得男人也不像男人。

"新大男子主义"比传统大男子主义进步多了，他们至少是站在关照女性的角度上，宣扬自己的大男子主义，有相当的迷惑性，是一种吃起来甜蜜蜜的药片。

不过，再看看他们后面的主张，就会发现有些不对劲了。

"新大男子主义"的男人不希望女人成为强者，不希望女人发展自己的空间和事业。如果要发展，也可以，那是在女人没有可依赖的男人、被逼到绝境的时候。

他们认为，如果有年轻的女人立志要做个女强人，他们会鄙视她，瞧不起她。如果她有一个很爱她的男朋友，或者有一个能养得起她的老公，女人又何必强出头，做什么女强人呢？幸福的家庭模式绝大多数都是男主外、女主内，古今中外，概莫能外。

现在的社会，现实是这样的：男人和女人忙于在外面打拼，没有人花时间照顾家庭，不仅大人的生活过得仓促将就，孩子也吃不好、长不好、教不好。夫妻双方还会因工作太忙，累出一身病来。例如，有一位优秀女教师，多年来为社会培养了大批优秀人才，最后自己的孩子却进了监狱。

总之，"新大男子主义"将这种家庭生活不愉快、孩子教育失败完全归咎于女人太爱事业。事实上，这种主张骨子里还是希望女人做男人的附属，虽然形式有所变化。但是，如果男人是靠不稳、立不住，或者是只在年轻时与你共患难，而一旦功成名就，女人已人老珠黄时，他却抛弃女人，那么已经失去青春又没有自己的事业和独立价值的女人，又该何去何从呢？

所以，"新大男子主义"，对女人而言，外表甜蜜实则苦涩。

大多数女人，婚前并没有体验到"大男子主义"的厉害，到婚后才知道"大男子主义"害死人！最典型的是丈夫在家中总爱说一不二，即便是自己的认识和做法不对，也要坚持自己的那一套，而且容不得别人有半点意见。这样，夫妻就难免兵戈相见。有时吵得凶了，摔两个盆子打几个碗也是常有的事。一位颇有经验的女性说："碰到'大男子主义'，你千万别和他硬碰硬，反弹琵琶倒能起到意想不到的效果……"

有些男人的大男子主义还不太严重，性格也还可以，因此，还有挽回的余地。至于说到另一类看似文质彬彬、实则内心专横到极点的大男子，那就无药可救了，女人应该早一些选择离开。

当"孔雀女"遭遇"凤凰男"

"富贵女"嫁了"穷小子"，难道就真的会矛盾重重吗？婚姻生活真的必须门当户对吗？

凤凰男与孔雀女之间的距离不在于经济，也不在于社会地位，而在于从小不同的成长经历在彼此的性格上打下的深深烙印。很多夫妻之间的矛盾，是由骨子里的执拗造成的，不能轻易改变。就像我们每个人都不能轻易改变我们的出身一样。

孔雀女没有经历过缺钱的日子，她们从小就是衣来伸手，饭来张口。等到开始工作了，不仅有父母的接济，还有信用卡可以供她透支，买自己心仪的任何商品。但是凤凰男从小就过着苦日子，深深懂得金钱的重要性。即使现在收入丰厚，也会将大部分钱存入银行，因为他害怕重演缺钱的生活。所以在金钱观上，这样的夫妻往往会有更多的争执和矛盾。凤凰男会说："你买这个皮包的钱够我老家人生活一年了。"孔雀女会说："你就是个土包子，有钱也不知道享受。"这样的争吵往往会像刺一样，戳得两颗心流血。

其实在金钱的问题上很容易采取一个折中的办法。只要两个人商量好，每人拿出收入的一部分作为家庭的公有储备基金，谁都不许动，剩下的个人花个人的，另一半不许过问。这样孔雀女依然可以享受购物的乐趣，而凤凰男也可以因为公有基金的存在而产生安全感。这样的约法三章，会给两个人都带来自由的空间。

其次是如何处理和亲戚之间的矛盾。城市里的人际关系比起乡村，总会比较淡漠。因为城市都是以小家庭的方式在发展，家庭的利益是最大的。但是乡村里家族利益高于一切，那是一种面子问题，表现出的是一个家族的体面。所以城里人相互之间借钱会还，请人帮忙会记着人情，彼此以礼相待，表现得就有点太过客气和冷漠。但是农村人常常讲究豪爽热情，亲戚之间来往都更加随意，互相帮忙是应该的，谁都不必拘礼客气。甚至有可能借几万块钱给亲戚盖房子，他不提还，自己也不好意思要，就这么算了。人与人之间是亲密，但亲密得未免有些太热乎了。

所以孔雀女如何对待丈夫的乡下亲戚，就成了她们最大的难题。倘若热情了，人家一而再，再而三来打扰，自己又受不了；倘若冷漠了，又怕亲戚之间说坏话，丢了丈夫的面子。其实这个时候如果自己怕麻烦，只要让丈夫出面全权代表就可以省去自己亲自和他们打交道的诸多尴尬。用包红包的方式代替心意，虽然破费，但是省去了闲话，也省去了交往中的烦琐，所得的好处其实更多。

孔雀女还必须要注意，凤凰男通常都是自尊心极强的一类人，如何保护他的自尊心是婚后的一大课题。凤凰男在和孔雀女交往时，很容易会有自尊心不足的毛病。城市身份给孔雀女带来的优越感，是在潜移默化中形成的。她从小便受到城市充足的资源所带来的好处，在舒适的大环境下更能够如鱼得水地享受生活。

但是凤凰男总是很容易感受到城里人对乡下人的歧视，在相处过程中，"土""俗气""乡巴佬儿"这样的词总是会刺伤他的自尊，让他感到自己低人一等。但他又不甘被轻视，于是像个虚荣的气球一样高高飘起，借大男子主义宣扬自己的威信。这又会让原本就反对大男子主义的孔雀女产生反感。

要改变这种状况，不仅是需要凤凰男在城市中长期地适应和融合，也需要孔雀女的包容和理解。在这种组合的家庭中，妻子通常会是主导，但是如果能把这种主导权多放一些在丈夫身上，会让凤凰男更有自信，也让两人由碰撞变为缓和，相互地退让，有商量地规划未来的家庭发展。这实际上对培养一个健康的家庭是非常有帮助的。

第九章

离开任何人，你都可以精彩过一生

失去的是恋情，得到的是成长

在爱情中，谁都不可能一次性跳级到"博士后"，成长也是需要付出代价的。

女人对于爱情往往比男人更加投入，到最后，即使没有得到什么，也一定会学到什么。失恋是一件让人揪心的事，很多人尤其是初尝爱情的人总是觉得痛不欲生。但这份让你心痛难耐的情愫却可以成为你真正成熟的契机。一段恋情，哪怕是失败了，你可以把它作为一面镜子，从中更加清楚地看清对方，也看清自己。经历过失恋，并且最终摆脱痛苦，才能让人以更加成熟和从容的态度对待感情。虽然不能让你以后的感情生活一帆风顺，但却能让你得到成长。

有人给米琪介绍男朋友，对方是一个很高个子的帅哥，可是性格有一些内向。米琪跟他见了面，整个约会的过程，他们两人都没说上几句话，气氛显得有些尴尬。约会结束后，米琪就明确地表态了：我跟他不合适，绝对不能确立男女朋友那种关系。朋友听后，都觉得惊讶，对方的条件那么好，怎么刚见了一面就觉得不合适呢？

米琪说："我以前交了一个男朋友，性格跟他差不多，也很内向。我本身就不是一个爱说话的人，有什么想法也不想及时地表现出来，所以两个人在一起的时候，沟通很少。有时候，两个人的想法不一样，却因为大家都不说，常常会惹出很多误解，闹出很多矛盾，后来不得不分手。那一段的感情虽然结束了，但从那以后我就明白了，以我的性格，找男朋友不能找一个性格很内向的人，所以不管这个男生条件怎么好，我们在性格方面都是不合适的。既然没办法好好相处，也不可能预见幸福，那么还不如不要开始。"

通过米琪的话，我们可以看出，以前一场失败的恋情，让米琪更加了解自己，也更明确了什么样的男生能够给自己幸福。可见，失恋并不一定就是损失，在经历了痛楚之后，我们更加了解自己，也更加懂得如何判断和珍惜新的恋情。

虽然，失恋对我们来说是一种损失，但我们失去的不过是一个不爱自己的人，而对方失去的，却是一个深爱他的人，相比之下，谁的损失更大呢？一个男人从我们的生命里消失了，后面会有更多的好男人在排队，等着装饰我们的生活。失恋虽然痛苦，但是不至于让我们悲观和绝望。因为失恋就好像是我们人生的必修课一样，只有经历过一次刻骨铭心的疼痛，才能懂得珍

惜，才能让我们在以后的爱情中变得成熟起来。

在爱情的路上，女人最害怕面对的事情，就是失恋。可是，如果你一直沉浸在对以往爱情的美好回忆里，并且一直为了失去而感到难过，那么你的内心将会永远充满悲伤。相反地，如果我们换个角度去想，也许我们的感受就会变得不一样。失去恋情的同时，我们也获得了成长，以后的路上，我们会走得更好。

别太快进入下一段感情，给自己留一个空档期

女人很容易被寂寞打败，在感情的空档期里，若有男人殷勤地追求，往往就轻易地答应了，这是很危险的。这时候的女人，对于甜言蜜语的抵抗力往往很低，受伤了，难免希望有另外一个人为自己抚平伤口，也或许有那么一点私心，想借另一个男人在前男友面前炫耀一把。无论是哪一种，都不应该是恋爱应有的态度，动机不纯容易迷惑自己的双眼，和不该爱的人恋爱，于人于己，都是一种过错。

昕刚刚经历了痛苦的分手，一个一向对她有好感的男生，又是送花又是请客吃饭，那份殷勤惹得昕单位的女同事都嫉妒不已。男生对她说："看到你现在这样，我真的好心疼。你放心，我绝不会像他那样对你，我会尽我最大的努力给你幸福。"几句话说得昕很令人感动。昕原本对他并不中意，可想想自己受伤了，有一个人关心照顾也不错，吃了几次饭后，昕便答应做男

生的女朋友。

没过多久，昕就发现，这个男生虽然不像前一个那样花心，却有极强的掌控欲。一天打十几通电话查岗，和朋友出去玩，去哪里、跟谁去都要一一汇报，在电话上和别的男生多聊几句也要跟他解释10分钟。昕没有一点自由，整天精神紧张，做什么事情都不得不考虑男友的反应，稍有不注意，他就大发雷霆。一个月下来，昕简直要精神崩溃，无奈之下，昕提出分手，结束了这段荒唐的恋情。

有些女人或是因为情感上处于空档期，或是没有更好的人选，对追求自己而自己又没有好感的异性，来者不拒。她们一方面暧昧地享受着对方付出的感情和物质好处，一方面又不给人明确的答复，让人误以为她们默认了彼此的恋爱关系。

殊不知，这样做的结果是害人又害己。明知道对方喜欢自己，既然不喜欢对方，就应该表明态度。不要害怕拒绝会伤害对方，长痛不如短痛，及早说明比拖拖拉拉闹到最后不可收拾对彼此的伤害要小得多。

也有一些女人，明明不喜欢对方，可实在没有更好的选择，于是将就着去恋爱，再将就着去结婚，表面上看来，好像没有辜负对方。实际上这同样是一种变相的害人害己。不爱他还要将就地嫁给他，是一种自私而不负责的行为。不爱他，就不要惹他；不喜欢他，就不要接受他。给不了他爱情，也不要给他痛苦，否则，最终痛苦的是你自己。

为了疗伤、为了排遣寂寞而恋爱的女人，可能因为害怕再次受伤而刺猬般地全副武装，或者因为害怕失去而非常黏人，甚至因为急于求成而表现得过于热切。总之，当我们抱着疗伤的心态走进恋爱时，对方也一定会感受到我们心中的焦虑，甜蜜的爱情掺了杂质、变了味，走着走着便无法继续下去。

赢得一个男人的爱并不是女人爱的全部。何必再沉溺于情伤，趁着这段清静的时光，可以做一些更有意义的事情，为自己明天的幸福添砖加瓦。

错过了就错过了，不必懊悔

原本很相爱的男女，或因一件件小事，或因一丝丝诱惑，两人分离了。若干年后，兜兜转转，始终没能遇上更好的，于是曾经的怨气都变成了思念：原来，我错过了最好的……

人生中最令人惋惜的莫过于，因为错过了一棵树，而错过了整片森林；因为摘不到一颗星星，而放弃了整片天空。等年华不再，才发现，因为错过一次，所以错过了所有。如果那个人能与你相濡以沫，那是人生中最大的幸福。但是，如若一生只爱一个永远得不到的人，那只是一种激烈的偏执。

人生无法十全十美，人要想活得舒坦，就要学着接受"错过"之痛。

大学同学组织聚会，毕业10年，如今都已是而立之年，馨惶惶地去了聚会的酒店，还没进包间就听到里面嘈杂的声音。推门进去，大家都热情地拉住她，各自在席间谈论着毕业后的生活和事业。

忽然馨听到有人提起凯，盼目四顾，却没有他的踪迹，"他怎么样了？"馨小心翼翼地问身旁的女同学。

"他啊，"女同学意味深长地看了馨一眼，似乎说你们当初的关系，你怎么可能不知道他的情况呢？"这次的聚会就是他发起的，所有的费用也是他出的，听说他毕业后发了财，娶了一个集团老板的女儿，现在可是风光得不得了呢！"

馨不禁想起毕业前夕，母亲逼她和凯分手，说他是个穷小子，跟着他不会有好日子过，而馨虽然当时很爱凯，但在现实面前，馨也不得不承认，和他在一起，自己是会吃苦的。当馨告诉凯要和他分手时，他只是平静地说："总有一天，你会知道，你今天的选择是错误的。"

"看，他来了。"旁边的女同学让馨往门口看，他依然和当年一样，同学们都纷纷和他握手，他身边依偎着一个着装华丽的女子，那一定是他妻子。凯看到了馨，牵着女子的手来到馨面前，微笑着说："你好，介绍一下，这是我妻子，这是我大学时的好朋友。"女子淡淡地笑着，那么得体。馨却显得有些狼狈。

聚会后，大家去了包间唱歌，馨坐在角落里，凯忽然坐到馨旁边说："怎么了，不开心？"

"你是在羞辱我，你还在恨我？"馨低着嗓子说。

凯笑笑，点起一支烟说："我的确恨过你，不过现在不恨了，如果不是你，也许我现在还不会拥有这一切。"

馨觉得嗓子哽塞，凯继续看着馨说："我曾经发誓要在获得财富后，重新站到你面前，让你追我，让你认识到抛弃我是多么大的错误。可是在我真正拥有了这一切时，我发现多么的可笑，我竟然不会再想起你，我和你，在大学毕业那一刻，就已经曲终人散了。"

馨还想说什么，那边有同学叫凯和他妻子合唱歌曲，他笑着去了。在包间中央，凯搂着他可爱的妻子，深情款款地唱着歌。

馨看到了凯眼中的幸福，她不再纠结，而是十分坦然地面对那份错过的爱。

很多时候，我们总是不自觉地把得不到的东西当成宝贝，却把容易得到的东西当成理所当然，于是一错再错，结果错过更多。所以，错过了，就一定要坚定地放弃。与不爱的人相忘于江湖，才能有机会与相爱的人相濡以沫。有的东西你再喜欢也不会属于你，有的东西你再留恋也注定要放弃，人生中有很多种爱，但别让爱成为一种伤害。

让自己放手，也是一种魄力

很多事情，不是努力了，就可以解决问题，例如爱情。爱是一种自然的感觉，爱散了、淡了，就随它去吧，何必死缠烂打、寻死觅活呢?

很多女人心里也明白自己不想放弃的人，未必就能和自己一直走到老。可是，因为占有欲太强，她们还是会做出各种不理智的事情。

爱情不是盛开在天堂里的花朵，也常常会受到各类"病毒"的侵袭。当爱情的伊甸园危机四伏时，是坚守还是突围呢？突围后又是否能有个灿烂的未来呢？越来越多的女人为此举棋不定，日夜嗟叹。

"天涯何处无芳草"，世界上男人多得是，该放手时就放手，该转身时就转身吧。适应离开他的生活，你会发现，没有他在的日子，你照样快乐飞翔。

于悦曾经听妈妈讲过她和爸爸之间的爱情故事，很美、很浪漫。她为此感到骄傲：自己的父母是因为爱而结婚的！甚至在一年之前，她都认为他们会一直相爱到白头。可理想和现实终究是有差距的。

那是一个飘雪的冬日。清晨，她被爸妈的争吵声惊醒。她走出房门，见爸爸正在穿大衣。

"这么早，你要去哪儿？"她想拦下爸爸。

"这个家已经没有我的容身之地了！"爸爸大吼着冲了出去。

妈妈倒在沙发上，无声地哭泣着。自那以后，爸妈天天吵，时时吵，刻刻吵。她不得不充当和事佬的角色，不停地去平息他们的战火。

如此持续了几个月，大家都已经筋疲力尽了。突然有一段日子，他们不再吵了，而是变得相敬如"冰"，谁都懒得多看对方一眼。爸爸日日晚归，有时整夜都不回家。妈妈还是原来的样子，照常做饭洗衣，只是郁郁寡欢，难得一笑。

一天，于悦实在忍不住了。"你们离婚吧。你们早就想这样了不是吗？只不过碍于我而迟迟不下决定。实际上我没有你们想的那么脆弱。既然不再相爱，何苦硬凑在一起？即使你们离婚，也仍是我的爸爸妈妈，我也仍然是你们的女儿。"

妈妈哭了，这于悦早就料到了，但她不曾想到的是，爸爸竟然也流下了眼泪！

半个月后，爸爸搬出了他们曾经共同的家。于悦现在生活得很自在，她的爸爸妈妈也过得很快乐。

爱情没有尺度来衡量，婚姻没有标准来量化。如果这份爱走到尽头，没有挽回的余地，那就放手吧。爱过知情重，醉过知酒浓。就算两人爱得如胶似漆、难分难舍，到了生命的尽头，也依旧要分离。

既然迟早都是离，早点离开也未尝不可，生命还长，多领略几处风景，也很不错。如果实在难以割舍，那么告诉自己，放手也是因为太爱他，然后，将这份情深深地埋在心里，等待时间告诉你一切的结果——生活并不需要无谓的执着，时间会冲淡一切。生命中没有什么不能被真正割舍——女人，让自己放手，也是一种魄力。

挽回变心的男人，比重新爱上一个人更难

要挽回一个变心的男人，有时候比重新爱上一个男人更难。放弃了我们的男人，已经把我们推入痛苦的深渊，就别再指望他能发善心把我们给救上来。这个时候，最好的方法就是放下那根折断的稻草。

当我们走进感情的世界，可能会变得不够理智，从别人那里学到的经验和技巧，一时间都不能发挥出理想的作用。尽管在爱情的世界里发生的故事有着很大的雷同性，但每个人都能从中得到不一样的体会。

有句话说："给你一点阳光，你就春光灿烂；给你一个微笑，你就感情泛滥。"这就好比经济学中的"乘法效应"。两个深陷爱河里的人，眼睛里看到的都是"爱"。

经历过爱情的人，都想沉浸在幸福里。哪怕那只是一场春梦，也不愿意从中醒过来。所以，当面对分手的时候，人们是多么想要将时光逆转，从当前撕心裂肺的痛苦中回到以前的甜蜜。可是感情就像人的身体一样，会疲劳，也会生病。每一段感情都多多少少有些病症，只是有些比较轻，有些比较重。发现的时候，我们可以给它吃药、打针，甚至动手术，想尽办法让它恢复健康。可是如果它已经进入绝症的晚期，那又能怎么办呢？

分手的人，总会以为自己处在了悬崖边上，不会再有人将

自己拯救，于是很多人那么轻易地就放弃了自己的生命。

既然时间能够推走一切，那些曾经让你难过、让你心碎的情感也终究会成为一串记忆的风铃，何不在面对的时候多一点坚强、多一点洒脱呢？

千里我独行，不必相送，更不必再用多余的暧昧牵绊住分离的脚步。因为，要挽回一个变心的男人，比重新爱上一个人更难。

当你足够优秀时，爱情自会来敲门

失恋的女人往往都有这样的烦恼，在大街上走着，总能遇见成双成对、亲亲密密的情侣，而自己孤孤单单一个人，不禁心里一酸，回到家抱着枕头哭的也大有人在。于是，很想找个人来疼爱自己，发誓要告别单身生活。

然而，爱情不是衣服，只要下定决心就一定能淘得到。就算是衣服，也往往是无意间相中的最合心意。其实一个人有一个人的好处。

对男人来说，恋爱只是生活的一小部分，而对于女人来说，却很容易成了生活的全部，一旦沉溺其中很容易不能自拔，严重影响工作和学习。和那些恋爱的女人相比，你多了一份难得的自由，也不用因为男女朋友之事而烦恼。你可以节约大量电话费买你喜欢的东西，可以专心工作学习，更重要的是，你可以趁这段时间好好完善自己！

你不需要四处向朋友述说你的失恋之苦，你的苦痛跟人说也得不到解决，到头来还得自己处理。不如多花些时间在工作上，周末加班再也不会有所顾忌；也可以多看几本书，或报个培训班，提升自己的专业技能；或者参加一些有益身心健康的活动。总之，利用好你的时间，多学东西，好好工作，你的生活就会充实起来，自己慢慢就会变优秀了。

虽然现在你还年轻，但你也应该懂得，如今竞争日趋激烈，如果不在年轻的几年打好基础，年长时则会后悔。

不要说什么"要不嫁人算了"的话，你自己不优秀，凭什么能嫁到好男人？所以你只需要让自己优秀起来，其他问题都不用思考。不要说什么"这样没意思""这样好郁闷"的话。不要受人影响，周围的人再卿卿我我也别被感染，不拿自己跟他们比。如果你什么地方都好，人长得漂亮又优雅，工作有前途又工资不菲，到时求婚的人怕是会踏破门槛！

事实就是这样，当你足够优秀时，所有事情都会在同一时刻发生，无论是金钱还是男朋友，一切的一切都会随之到来。所以，做最好的自己，等完善自己之后，爱情自会来敲门！

没有一段感情可以毁了一个人

脆弱的女人，一旦失恋就像生了一场大病，无心学习也无心工作，懒得收拾房间也懒得收拾自己，从一个阳光漂亮的小美女堕落成病恹恹的邋遢女。

你问她，她要说："都是失恋惹的祸。"

失恋固然痛苦，但这不是折磨自己的理由。没有一段感情可以真的毁了一个人。

爱情是重要的，但它不是生命的全部，人生还有事业、亲情和友情，还有许许多多重要的事情需要我们付出精力去追求、去完成。所以，失恋后绝不能从此萎靡不振，失去对事业追求的志向和信心。

你应该继续相信生命中会有属于你的领域，属于你的幸福，即使遇到暂时的失败，也不应该放弃对爱情的追求。因为失恋就无心工作，从而消沉下去，是一种懦弱的表现。而因为失去了一个挚爱的人而决定一辈子独身，也是不现实的。没有爱情的人生是不完美的，你应该相信自己还有追求爱的能力和接受爱的勇气，继续去叩响爱情的大门。

失恋不失德。不要因为失恋带来的痛苦和愤怒而去做过激的蠢事。那只是一个人幼稚浅薄的举动，是愚昧无知的表现。因为失恋就想要自杀，甚至心生报复，不但不是解除痛苦的良药，更会造成违反道德人性、触犯刑律的结局。失恋后，与对方的爱情可能一去不复返，但基本的做人准则也不能抛弃。

正确的方式是进行换位思考，及时总结教训。如果是对方因为你的缺点弃你而去，你可以站在对方的角度想一想：假如我遇到这样的情人，犯了这样的过错，我能不能容忍？如果可以从自责、自恨到发誓改正缺点，以崭新的姿态去寻求新的爱情，一定会让你从失恋中得到成长。如果对方因见异思迁、喜新厌旧或其他消极情绪与你决裂，你不妨这样想一想：既然恋爱时就对我这样，结婚后更不知会是什么样了。这样一来不仅心里舒服，而且会对自己的明天更加有信心。

失恋不失望。失恋后要培养乐观豁达的健康心理。振奋精神，把眼光投向未来，而不是死死盯在眼前的爱情挫折上。当然，冷静地分析一下失恋的原因，吸取一些教训，有助于心情的开朗。要认识到失恋首先是一种幸运，其次才是不幸。因为正是失恋证明我们曾经真正的爱过。要知道在这个世界上，一辈子都没有真正爱过的大有人在。同这些人相比，在人生中我们已经赢得了让人羡慕的一分。尽管失去了，但是我们的人生已由此变得丰富，感情由此变得深沉，气质由此变得成熟。在以后的日子里

只要有一个能与我们心心相印的人，我们就可以回头对岁月说：谢谢，我庆幸那次失恋。不要过分伤心，要相信或许那个真正能给我们幸福的人，正在不远的前方等待着我们。

失恋不失趣。解决失恋的最好办法就是微笑，不管是对自己，对周围的人，还是对对方，都要带着乐观和坦然的情绪，这样对谁都有好处。

很多人失恋就大呼小叫，痛骂自己，感到自己是世界上最无助的人。或者在失恋后就谩骂对方，说对方没有眼力。这样的举动都是不明智的，要知道，一个人心伤得越深，只会越增加自己不必要的痛苦，根本不能解决问题。

第十章

不苟求婚姻完美，
但求活得自在

有些事情，本该糊涂

人都是一样，渴望了解真相，又往往接受不了真相。真相大白的时候，更是锥心刺骨的痛。很多时候，男人对女人撒谎，是爱的象征，证明他还在乎你，这时候，女人不必也不要去逼问。要知道，实话一出口，恰恰是婚姻决裂的开始。

于莉和丈夫一直很恩爱，可最近她总是觉得丈夫怪怪的，好像有心事。

一天晚上丈夫回到家，对于莉说："明天吃晚饭别等我了，我要去见个老客户，做系统维护，挺急的。"

"没事，明天刚好我也加班，等你晚上回来一起吃吧。"

"你先吃吧，我晚上不回来了。工程比较复杂，要在那待一晚，后天才回来。"

"那也用不着一晚上不回家睡觉吧，你们那多大的工程我还不知道。"

"要等人家客户晚上到齐了一起研究解决，回来再去多麻烦。"

说完，丈夫倒头就睡了。

第二天晚上，丈夫果然没回家，于莉给丈夫打过几次电话，丈夫总是不接。于莉心里的猜疑更重了——他在外面有女人了。

于莉索性打电话给丈夫的同事，丈夫的同事说那天没有什么紧急的维护工程。思来想去，她决定问个清楚。

丈夫一回到家，于莉就开始不停地盘问。

"我都知道了，你们公司昨天根本没有什么紧急维护，说吧，你昨天到底去哪了？"

"你知道什么呀，紧急维护还得全公司通报吗？我累了一天，一晚上没合眼，你别闹了行不行？"

"昨晚上给你打电话为什么不接？"

"那不忙着呢吗，你又没什么重要的事。"

"行，我的事都不重要，你小情人的事最重要。"

"你别瞎猜，没什么小情人。"

"我瞎猜？我盯了你好久了，没有十足的把握，我也不会说这个话。你今天要不说实话，我跟你没完。"

……

于莉一步步紧逼之下，丈夫真的说出了一个女人的名字。

于莉的心一下就凉了，瘫在沙发上。其实，这件事情已经很长时间了，丈夫一直瞒着她，他还是很爱于莉的，也很爱他们的儿子，他这次出去两天，正是要和那个女人断绝关系。然而，事情到了这个地步，他们的婚姻也保不住了，一个星期以后，他们离婚了。

男人面对女人的逼问，往往认为，既然她已经知道了，那么就应该坦诚以对，交代清楚才能获得女人的信任。

有时候男人撒谎，也不见得是不爱你，恰恰是因为他在乎你，在乎这个家，不想让你受更大的伤害。聪明的女人，要懂得适当地点破，不要逼他，有些事情，本该糊涂……

女人一成不变，男人就会变心

"读你千遍也不厌倦，读你的感觉像三月。"一首经典老歌道出了男人心中完美女人的特质，变幻莫测，百看不厌。然而很多女人，温柔贤惠，几十年如一日。不管丈夫的情绪有怎样的波动，她永远都是不温不火地对待他；不管丈夫做了什么事情，她都会以一成不变的方式对待他。这似乎非常符合中国女人的传统美德。但是聪明的女人千万不要相信这是一种美德。这种连自己都觉得压抑的生活方式，怎能不让男人厌倦？

相信看过《爱情呼叫转移》的女人都会有所惊醒，老公想离婚，妻子让他给个理由，老公的理由居然是："你在家里面永远穿这件紫色的毛衣，我最烦紫色你知道吗？我讨厌看见紫色。刷牙的杯子得放在格架的第二层，连个印儿都不能差。牙膏必须得从下往上挤，那我从当中挤怎么了？我愿意从当中挤怎么了？每星期四永远是炸酱面、电视剧、电视剧、炸酱面。还有，你吃面条的时候，能不能不要嘬着那个面条一直打转转？"

应该说，这部电影其实跟生活是非常贴近的。我们身边也会常常发生这样的事情：一个男人长年累月都处于一种稳定的关系之中，看起来他也是真心爱这个女人。然而，说不定哪天，他抛下一句"我认为我不适合结婚"便逃之夭夭。但随后，他也许会迅速开始一段新的恋情。为什么女人付出了这么多，却留不住男人的心？对于这点，我们不得不说，有的时候传统的观念未必是对的，或许还害人不浅。不只是现在的人，连古人都是如此。

汉朝的班婕妤是后宫少有的才女。因为美丽贤惠，得到汉成帝的宠爱。但是她败就败在太拘泥于一成不变的礼节。汉成帝为了能够与她同车出游，特地命人做了一辆较大的辇车。但是她却严词拒绝了，她说："看古代留下的图画，圣贤之君，都有名臣在侧。夏、商、周三代的末主夏桀、商纣、周幽王，才有嬖幸的妃子在座，最后竟然落到国亡毁身的境地，我如果和你同车出进，那就跟他们很相似了，能不令人凛然而惊吗？"汉成帝便不再要求。当时的太后听后对她也非常地欣赏，赞叹道："古有樊姬，今有班婕妤。"

应该说，班婕妤非常有妇德。君王在爱意正浓的时候，夸她贤良，后宫也开始逢迎，仿佛她是那楚庄王的樊姬。

但是，不久之后，她的克星来了。赵飞燕和她那更加妖艳的妹妹赵合德来了。所有的怜爱、宠幸，都随着那个身轻如燕的舞女随风而逝。她选择了去服侍太后，在成帝死后又去为他守陵，孤独终老。

比起赵飞燕姐妹，她美貌与才华皆俱，唯独太过于一成不变。没有飞燕起舞绕御帘的轻盈，亦没有合德入浴的妖娆妩媚。她太正经，搁不下身份来。

每个男人的内心深处其实都渴望自己的妻子是"妖精"，因为"妖精"从来都不是一成不变的，她能经常满足男人的猎奇心理，让男人澎湃。

好男人是夸出来的

人们经常会发现，在恋爱时，双方总会不遗余力地称赞对方的一切，而真正在一起后却是批评多于赞美。虽然女人的出发点是关心，希望对方变得更好，成为自己心中所想的模样，但是你的男人真的依照你的期许，在打骂教育下变成你想要的样子了吗？答案往往是否定的。

常言道，赞美与鼓励能使傻瓜变天才，批评与指责能使天才变傻瓜。关于这一点，一本书中是这样描述的："一个很笨的男人和一个聪明的女人如果不是只发生在外遇时，而是在家庭里，这样的婚姻绝对很圆满。如何才能扭转所有的局势，关键就只有两个字——赞美。"

毕业于名牌大学的于雯，在一家外企任职，加之容貌姣好，气质优雅，使得她个性高傲。最近，她的男朋友徐斌失业了，整天无精打采，于雯对他渐渐流露出不满，不久后，两人便分道扬镳。

几个月后的一次行业聚会上，于雯惊奇地发现徐斌也在场，而且他已经摇身一变成了某知名公司的销售总监，更让她意外的是，徐斌与于雯的一个旧日同窗一同出席聚会，俩人手挽着手甚是亲密。私下一打听才知道，失业继而失恋后的徐斌遇到了现在的女朋友，虽然两人之前并未深交，但是却彼此相熟。她极力地鼓励徐斌振作，并经常称赞他曾经取得的成绩。徐斌渐渐走出情绪的低谷，重整旗鼓之后事业进行得十分顺利，俩人也自然而然地走到了一起。

　　赞美和鼓励对于男人的重要性，不亚于燃料对于引擎的重要性。肯定的言语就像是让男人继续发动的引擎，给他们的精神电池充电。经常肯定丈夫的女人，就是男人的一部马达，给他神奇的动力，帮助他恢复自信，从失败中走出来。

　　"士为知己者死"，男人都需要捧。聪明的女人懂得如何运用赞美赢得心上人的眷顾。

　　沈澜喜欢上了在同一座写字楼里工作的王凡，每天上下班时，她都算好时间搭电梯，希望能见到王凡。但是，这一切都只是沈澜一厢情愿，据说对王凡有好感的女生可以排成一个足球队了。沈澜也发现，自己与王凡打过很多照面，但他从没正儿八经看过她一眼。

　　一天，二人在电梯里相遇了，沈澜主动跟王凡打招呼说："你今天这条粉色领带很好看，我上次见你，你戴的是条蓝色的，没有这条衬托你的气质。"王凡很惊讶，但片刻之后，他脸上就露出了愉快的笑容，并说自己其实也一直在关注沈澜，只是没机会搭话。

　　走出电梯，他们互留了电话。一年后，王凡和沈澜步入了婚姻殿堂，成为一对幸福的小夫妻。婚后，沈澜一直保持着对丈夫赞美的习惯，无论在工作上还是生活上，沈澜都留心着王凡的每一点进步，经常赞美和鼓励他，如今王凡不仅成了公司的顶梁柱，而且对沈澜更是呵护有加。

曾经有一篇文章这样写道："怎样对付男人？只消经常闭上眼睛说一句话，那就是'你真棒'！"男人即便已经获得了很多的东西，也永远不会对美妙的赞美声产生厌倦。比如美国第一任总统乔治·华盛顿最高兴的就是有人当面称呼他为"美国总统阁下"，哥伦布曾经要求女王赐予他"舰队总司令"的头衔，雨果最热衷的莫过于有朝一日巴黎市能改名为雨果市，莎士比亚也总是想尽办法给自己的家族谋得一枚能够象征荣誉的徽章……这些人无非是想让自己显得更重要些，以期获得更多的赞美。如果想让你的老公成为理想中的样子，那就告诉他你真棒，赞赏他优秀的一面，他就会展示出阳光的一面。

这样的禁区闯不得

有的时候，女人明明是满怀善意想通过沟通来解决问题的，但是因为方式不当，常常会一而再，再而三地犯同样的错误。有时女人希望通过这种方式和男人保持一种密切关系，殊不知常令男人缄口不语、兴味索然。因为她不小心误闯了两性之间的沟通禁区，常见的有以下六种情景。

情景一：下班后，仍然追问他的工作情况。

本来两人正在一起愉快地交流，她却突然冒出一句"今天工作如何"，他只是咕噜了一句"凑合吧"，就盯着体育节目不理了。也许她怎么也搞不懂为什么自己被冷落了。因为刚下班后不是跟男人谈正事的好时机。女人以为下班后聊天是与男人增进感情的一个好方式，但男人却更愿意只是与女人在一起享受无言的宁静与温馨，不愿提及工作的事情。

情景二：女人说话时，死盯着男人的眼睛。

不知你有没有注意到这样一个现象：如果你直直地盯着一条狗的眼睛，它可能会以为你有敌意而避开你，甚至会扑上来咬你。男人的反应也大致如此。

男人和女人在跟同性谈话时，男女坐的位置和目光交流的方式是有所不同的。女人面对面坐着，倚靠在沙发上，眼睛直视对方；男人则肩并肩坐或对角坐，眼睛环视周围。对于女人来说，面对一个老是环顾四周的男人，她是很难敞开心扉的；而对于男人而言，谈话时有人盯着他，会让他局促不安，难以放松。

因此，只要不死盯着他的眼睛，他就会很舒适放松地与你进行交谈。

情景三：女人总期望和男人进行长时间的交谈。

男人的谈话既实际又有目的，所以当你进入闲聊状态时，男人会失去谈话的兴趣。男人是以音节为单位来思考和谈话的。这就是男女两性的基本差别之一。女人用谈话作为两人关系的柔和剂，她们对男人无所不谈以求密切关系。而男人则喜欢有既定目的的谈话。当你只是陶醉于有话可说的闲聊状态时，他却可能因为抓不住你的谈话要点而一头雾水，兴趣全无。这时男人可能会中止你的谈话。和男人交流千万不要只顾塞满男人每一个沉默的时刻，而是要有合适的话题、稳定的主题。谈话时间太长，会令男人厌烦。女人在沉默时感到不安，男人则不然。所以，如果你想打破沉默，也不要老是喋喋不休，这样反而会令男人有意避开你，缄口不言，结果适得其反。

情景四：女人企图通过不断提及和男人的关系来保持两人关系的热度。

很多的女人都会在不同场合问身边的男人："我们的关系好吗？你爱我吗？"但是，不断逼问男人类似的问题，会令他离你远去。女人总是在不断提到自己与男人的关系时，才感到两人的关系正常与和谐，而男人则恰恰相反，如果他认为两人关系正常，就不会提及它。女人需要细心冷静地检查男人的行为，了解男人的特性，而不用逼迫他说出心中不想说的话。因为他可能不会直接告诉你，但是你可以通过他的一些无声的行为来判断他是否幸福。握着他的手、亲吻他、抚摸他，看他是否回应你的温情。男人更愿意通过行动而不是言语来表达感情。

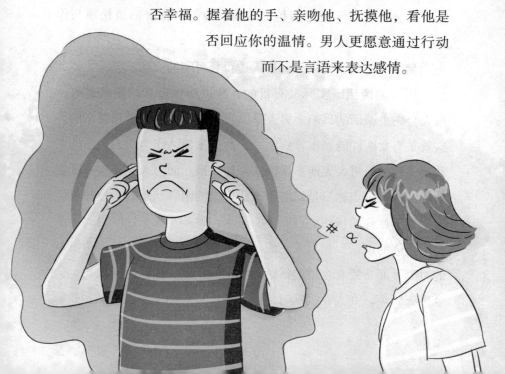

情景五：诚实到不顾男人的感受。

虽然说诚实和信任是维护两人关系的基础，但有时女人最好放弃"不告诉他会伤害他"这个观念。女人容易以为如果不告诉对方，就会或多或少地破坏两人的关系，但是男人却只在有确定必要的理由时，才会告诉你一些事实的真相。

女人诚实的全盘托出比保留一点无伤大雅的秘密，对男人的伤害反而大得多。所以说：绝对的诚实也可能是很残忍的。

情景六：女人用沉默来惩罚男人。

很多时候男人惹恼了女人，女人总是装作冷若冰霜，沉默不语，她想让男人主动检讨一下发生问题的原因。女人利用沉默战术，是因为她们认为在两人关系中男人多数处于主动地位，让男人向自己主动认错会使女人感觉被重视。

可是，女人的这种报复心理是白费心机：男人特别不擅长解读这些微妙的体态语言。这样做简直是对牛弹琴。而且即使你的行为非常明显，最木讷的男人都能看出你的意图，他可能仍然一声不吭。男人认为沉默战术是一种无声的控制行为，男人的对策是：如果她想要我干什么，她直截了当地说好了，摆什么谱！遇到这种情况，女人千万不要控制不住自己的情绪把对方大骂一顿，最好的方法是过一段时间，自己冷静下来之后告诉他，你对他哪儿不满，此时他会愉快地接受你的批评。

总之，女人追求与男人和谐地交流是有必要的，但要注意把握谈话的技巧和风格，千万不要在错误的时间、错误的地点，谈一些错误的话题。齐瑞尔·克朗有一番说得很好的话，可以此为忠告："男人和女人的交流方式有所不同，女人的谈话比较感性，是真实情感的流露，而男人的谈话却趋向于实际。所以，女人不要勉强男人跟你的想法一致。"

不要太贤惠，要给他表现的机会

说一个女人"贤妻良母"，恐怕不会有人听了不高兴。娶一个贤惠的妻子，丈夫当然乐陶陶。但是凡事都有个度，超过了这个度，好事就会变成坏事。贤惠的妻子也是一样的，如果太过贤惠，让男人过着衣来伸手、饭来张口的日子，日子久了男人也会觉得乏味。

朋友聚会的饭桌上，女人一边给男人夹菜，一边关切地说："多吃点猪肝，多吃点青菜。"没想到男人不但不领情，反而冷冷地抛出一句："我找的是妻子，不是找妈，你能不能别把我当个小孩一样？"

现实生活中的妻子也许并没有到连牙膏都替丈夫挤好的地步，但给丈夫洗衣做饭，煲汤泡茶，在丈夫喝醉后给他打水洗脸洗脚，给他换衣系鞋带，这样贤惠的妻子是大有人在的。她们一次次为丈夫打理，丈夫就一次又一次地醉酒而归。她们一次次为丈夫付出，丈夫就一次又一次心安理得地接受。他们不会想到回报，因为女人的付出在他们看来是应该的，是分内的。甚至有的男人会说："我娶妻的目的就是给我洗衣、做饭、照顾老小的。"像这种大男子主义的丈夫，妻子千万要懂得把握好贤惠的尺度。

　　一部电影中，做妻子的对丈夫的饮食起居照顾得无微不至，连挤牙膏、放洗澡水都是妻子一一代劳。而妻子越是这样，丈夫就越不爱刷牙洗澡，他觉得很没趣，自己有手有脚每次都要像个无能儿似的让妻子把什么都准备好，放好水找好毛巾，准备好衣物，最后自己就像一具僵尸一样干着进去再湿着出来……都说艺术是现实的折射，恐怕这也是一部分夫妻生活的真实写照。

　　任何事情都是习惯成自然，你对他太好，他就习以为常了，把你所做的这些都认为是理所当然，是做妻子的本分。时间久了，当你感到疲惫而有些事情做得不如从前好了，他反而会不高兴，掉过头来说你这样那样没做好。与其让他这样，还不如从最初就把握好表达爱意的分寸，不要事事都争着抢着帮他做好，也适时地适当地多给他一些表现的机会，让他也为你做些事，让他了解你平日操劳家务的辛苦，这样他才会更懂得疼你。

　　冯茹是个贤惠的妻子，她对丈夫恩爱有加，体贴入微。在家里她像个保姆一样地伺候着丈夫，给他擦皮鞋、洗脚。由于工作繁忙，平时到家自己就吃点剩菜剩饭，却会温柔地给丈夫端上一碗热腾腾的营养汤。自己就买地摊上十几块钱的衣服，并且从来不用化妆品，却总给丈夫买上千元的西装和男士香水。自己上班辛辛苦苦挣来的钱贴补家用，却让他揣着钱在外喝酒娱乐。只要冯茹不在家，丈夫就有一种世界末日来临的感觉。面对柴米油盐、锅碗瓢盆，他不知所措，只好下馆子或者泡方便面来解决最基本的温饱问题。

家里有贤妻的男人常常连油盐酱醋、洗衣粉、卫生纸放在哪儿都不知道，上街买菜，对价钱也一窍不通，甚至好些菜吃过却不知道叫什么，更不知道怎么做。别说妻子不在家的时候，就是妻子在家，他们通常连自己的衣服、毛巾、鞋袜放在哪里都不知道。每天早晨起床的时候，伸手拿着什么就是什么，更有甚者连自己的洗脸毛巾和洗脚毛巾都分不清，更不用说厨房的抹布了。最终，自己对衣服是否干净也完全失去了感觉。只要妻子不提醒，从不会主动把身上的脏衣服脱下来洗。偶尔妻子忘了提醒，也难免会把前一天晚上刚脱下来的脏衣服重新穿到身上，还毫不知情，美美地去上班。也有的上班到单位了，才发现裤裆开了口子，只好尴尬地熬到下班。实在逼得没有办法，只好又冲妻子发火，责怪妻子照顾不周。其实这些毛病都是贤惠的妻子惯出来的。

但凡人都是这样，只有自己付出了才会加倍珍惜。男人往往会对女人无条件的付出并不在意，但如果是自己为某件事付出了，他们就会全心全意地对待，细心加倍地呵护。他为你做得越多，付出越多，对你依恋也会越多，也会越放不开你。在婚姻中，付出得越多的男人越不会轻易放弃婚姻，因为他为这个家投入了太多的成本。

很多女人婚前可谓十指不沾阳春水，喜欢打扮逛街，日子过得轻松惬意。可是一旦结婚，她们就开始热衷厨艺家务了，因为她们也会自觉不自觉地期望自己被冠为贤惠的殊荣。但是把自己从一个娇滴滴的大小姐炼成一位"贤妻"也不是一件很容易的事。她们流了多少汗水，牺牲了多少休息时间，忍受了多少委屈，扼杀了多少追求和欲望，付出了多少艰辛，身为丈夫理应比任何人都更清楚。但是，丈夫却开始夜不归宿，流连于外面的精彩世界。理由是他不用再操心家里了，一切自然有贤妻去打理去照应，他一万个放心。也正是因为这种放心让他产生了心理上的"优越感"，减轻了他的压力，于是他开始追求更多的欲望，迷恋美色。

所以女人一定要明白：贤惠并不意味着要无微不至、大包大揽。婚姻是由两个人组成的，一个是妻子一个是丈夫，每个成员都有自己的权利和义务，事情要做到位但不能越位。妻子要做妻子应该和能够做的事务，但也要给丈夫留些表现和付出的机会，让他感觉这是你们两个人的生活，要靠你们两个人的努力才能建立起来的家。女人千万不要太贤惠，要做丈夫的妻子、孩子的母亲、老人的媳妇，而不是家里的保姆、用人，不要贤惠到一辈子为丈夫打工。

长久的爱是恒久的忍耐

有一部广受喜爱的电视剧《金婚》讲述的是一对夫妻在漫长的 50 年婚姻生活中的琐碎，有初婚的甜蜜，有相互的指责、争执，有中年的疲倦，有遭遇外来诱惑的犹豫，到最后老年的相濡以沫，真实而生动地展现了婚姻的真谛：爱不仅仅是玫瑰的娇艳，也有咖啡的苦涩，这才是真正的婚姻，才是真正的生活。

而在童话故事中，无论是灰姑娘，还是白雪公主，她们都最终和心爱的王子"有情人终成眷属"。故事到此戛然而止，人们从来不去猜想接下来他们的婚姻生活如何，是不是也有争吵？是否也有抱怨？是否也会因"七年之痒"而劳燕分飞？他们真的就能相敬如宾、白头偕老？人们不愿去想，只愿意去品味爱情的浪漫、甜蜜，而不愿去想象婚姻的琐碎。

正所谓："相爱容易，相处太难。"如果说相爱是一个甜蜜醉人的梦，那么相处就是一个不识相的闹钟。当距离消失，爱情如仙女落入凡尘，柴米油盐、喜怒哀乐交织而成的平淡生活渐渐洗去了她的铅华，生活的现实几乎掩盖了浪漫的光环。

往日炽热专注的目光变得漫不经心，不厌其烦的绵绵情话变成了言简意赅的三言两语，平日看不够的举手投足渐渐觉得有些碍眼……是不爱了吗？那曾经有过的一切分明历历在目。还爱吗？感觉似乎又不同于从前……爱情是两个人相互爱慕的思想感情，是精神的，也是浪漫的，可以不考虑明天的早餐，可以不考虑烦人的家务，可以不考虑柴米油盐酱醋茶，只管尽情地谈情说爱。而婚姻是两个人因结婚而产生的夫妻关系，一提结婚自然要面对很多现实的问题，比如：买房子买家具、穿衣吃饭生孩子，少了许多浪漫，多了份沉重。

很敬佩父母那一辈人，他们大多是相濡以沫白头偕老的。记得在《读者》杂志上读到一则小故事：一对性格完全不同几乎是水火不相容的人，却成就了五十多年的好姻缘。有人问老妇人，这么长的岁月，怎么走过来的？她答一个"忍"字。又问男主人，他答一个"让"字。听似不可思议，实则金玉良言。如果两个人是相爱的，你不能容忍他，也就不能忍耐除他之外任何一个你重新选择的人，你也就永远无法拥有一份长久而真实的感情，除非你真的不爱。

爱情真正的天敌，是时间，是岁月。爱情要战胜时间和岁月，凭的是温情而不是激情，要的是宽容而不是占有，靠的是真诚而不是虚情。

会交际的女人，运气都不会差